中小企业
管理变革解析

邱敏敏 著

延吉·延边大学出版社

图书在版编目（CIP）数据

中小企业管理变革解析 / 邱敏敏著 . –– 延吉：延边大学出版社 , 2024. 9. –– ISBN 978-7- 230-07076-8

Ⅰ . F276.3

中国国家版本馆 CIP 数据核字第 2024XL4779 号

中小企业管理变革解析

ZHONG-XIAO QIYE GUANLI BIANGE JIEXI

著　　者：邱敏敏

责任编辑：李　磊

封面设计：文合文化

出版发行：延边大学出版社

社　　址：吉林省延吉市公园路977号　　　邮　　编：133002

网　　址：http://www.ydcbs.com　　　E-mail：ydcbs@ydcbs.com

电　　话：0433-2732435　　　传　　真：0433-2732434

印　　刷：三河市嵩川印刷有限公司

开　　本：710mm×1000mm　1/16

印　　张：17.75

字　　数：330千字

版　　次：2024年9月第1版

印　　次：2025年1月第1次印刷

书　　号：ISBN 978-7- 230-07076-8

定价：90.00元

目 录

第八章
人力资源管理　　213

第九章
信息化管理　　248

第十章
企业文化管理　　259

参考文献　　272

序 言

相信很多读者乘坐过飞机。国内几家大的航空公司的机舱服务与管理基本类似。开始登机时，在廊桥处有人跟你确认航班号与机票是否一致，机舱门口有乘务员拿着计数器在计数，并微笑着跟你问好。进入机舱后，在前、中、后三个位置都有乘务人员给你做指引并协调行李的放置。如果你坐在紧急出口的位置，那么乘务人员一定会跟你叮嘱注意事项并需要你确认是否愿意坐在这个位置。在播放飞机起飞前的广播时，各舱乘务人员逐一确认行李架上的舱门是否锁好，最后乘务长再一次逐一确认。在起飞前，机长也会通过对讲机跟乘务人员不断进行信息确认，在接收到塔台指示后起飞。

如果读者观察细致的话，就会注意到商务舱后面第一排的座位上大概率坐着一位特殊的乘客，他可能在胸前配备了记录仪。笔者咨询后得知，他可能是中国民用航空局（以下简称"民航局"）的监察员，负责抽查某些航班的飞行标准、安全保卫等。一旦民航局的监察员查出机场或者航班违反相关规定，民航局就会对航空公司或者机场进行处罚。后来，再次深入探究得知，这位特殊的乘客也可能是航空公司自己的监察员，负责检查监督本次航班的工作流程和服务标准。作为航空公司内部的监察员，更多的是希望通过这样的监察避免流程失效、服务下降，让客户更加满意，与此同时也是希望避免被民航局监察员稽查出问题导致被问责、被停飞。

航空公司的标准化管理提供了高安全性的飞行服务，让我们乘坐飞机的时候充满了安全感，它们的标准化管理是如何实现的？

《赋能：打造应对不确定性的敏捷团队》一书中有这样一个故事：1987年12月，美国联合航空公司173号航班从纽约的肯尼迪机场起飞，飞往俄勒冈州的波特兰。机长工作了15年，保持了2.7万小时飞行无事故纪录。飞机在高空中飞行，燃料箱里的燃料开始燃烧，剩余的燃料只够飞机飞行65分钟，不足以支撑飞机飞到目的地。因此，机长紧急寻找飞机着陆地，飞到波士顿上空的时候，机长发现了一条理想的着陆跑道。

随后，有个非常小的问题出现了：飞机的起落架即使放到位指示灯也不会亮。当然，这个问题可以通过塔台目测就能解决，最不济起落架没有打开，飞机摩擦着陆也只是一侧机翼受损，但是乘客能安然无恙。

机组人员充分地讨论了问题并查看厚厚的操作手册，寻找应对这种情况的方法。气氛比较凝重，问题被抛来抛去，机长只能制订紧急迫降计划。机组人员争论着各类测量标准和读取的数据，他们判断起落架已经放下，但又担心防滑功能和空气悬浮系统被破坏。

在检查了危险清单上的主要项目后，机组人员开始关注那些比较小的潜在隐患，比如最后一个离开飞机的人要关闭有多余电量的电池。

在准备降落的过程中，另一架飞机正好要着陆，173号航班只能让开，飞机再度开始盘旋。机组人员开始仔细讨论飞机一旦进入跑道会发生什么，着陆后应该让维修部提供一份报告说明情况。机长此刻还让飞行工程师到机舱安抚乘客，并通知塔台5分钟后着陆。随后，机长突然想起还没有检查起落架警告喇叭，对其进行检查后，他还测试了一下断路器。完成所有检查后，机长再次向塔台发出信号，5分钟内着陆。此时，他们已经准备了70分钟，比飞机剩余燃料理论上能够支撑的时间还多了5分钟。当机长聚精会神地试图做好硬着陆的时候，他却忘记检查在他面前最基础也最关键的工具——燃油标尺。

结果就是发动机停转，飞机在波特兰郊外碾压两栋房屋，滑行500米后停下了，10人遇难，24人重伤。

书中还举了一个例子，2009年，全美航空公司1549号航班在哈德逊河边迫降成功。飞机刚飞到距地面610米高度时，两侧引擎被迁徙的天鹅卷入而发生故障。机组人员只有很短的时间反应。一般的紧急核对清单和技术训练是有一个前提假设，那就是引擎熄火是在巡航高度2万英尺以上发生的。这么低的情况前所未有。

但是，在不到4分钟的时间里，机组人员就把飞机掉头，最终成功迫降，无人员伤亡。

为什么两个航班面对不同的危机（一个不那么紧急，一个特别紧急）而结果却完全不同呢？书中给出的答案是前者是传统的垂直管理架构，机长是最高决策者，飞行出现异常所有的信息都通过他集散并作出决策，规范的流程在处理突发情况的时候显得效率低下且风险集中。后者是采用更加灵活的应急处理方法，通过团队集体联动在非常短的时间内化解危机。

笔者在这里想表达的是，一个企业不能没有标准，但是标准化管理只是企业管理的一部分，并不能解决所有问题，还需要执行流程的团队不断提升管理水平，从而促使团队既能高效处理好常规的问题，又能应对不确定性的危机。

在传统企业管理中，实现标准化管理是一项非常重要的工作。但是，大部分中小企业没有真正做到标准化管理。尤其是一些创业的企业家凭借着自己过人的胆识和把握机会的能力开启了自己的事业，一旦过了企业的发展期，发展速度减缓，很多管理问题就开始暴露出来。如果叠加市场竞争的加剧，这对于企业来说无异于飞机高空航行的时候更换发动机。这个时候，企业不变革是等死，变革是找死。

企业变革的最终目的是打破过去不符合自身发展的企业文化而形成一种可持续发展的具备批判创新精神的企业文化。手段就是通过对运营体系的构建实现企业管理的标准化进而实现在"事"方面的增值，同时通过优化组织和人力资源管理实现在"人"方面的增值。这两句话虽然简单，但是其背后面临的挑战太多了，况且不同的企业存在的问题不一样，管理变革的方式也不一样。

笔者从事职业管理已有十来年，从事过三个行业，从基层技术员一步步成长为高级管理者，担任过四家企业的总经理。更重要的是，在这些企业中遇到许多乐于施教的领导，对笔者给予非常大的帮助。其中，有曾在世界500强企业任职过高级副总裁的，也有20世纪90年代在民营企业中采用合伙制打造全产业链将产品做到全球最大出货量的联合创始人，还有上过人力资源杂志封面的老师。笔者工作过的企业一家年产值在30亿元左右，另外两家年产值在15亿元左右，规模最小的一家年产值在5 000万元左右。笔者在第一家企业的4年时间基本全程参与企业整个管理体系的构建及完善，经历企业员工人数从100人发展到5 000人。在后面的几份履历中，笔者基本是在做企业的管理变革工作，接手过濒临破产的企业，经过3年经营最终被投资者收购；经历过以深圳系为主导的较为强势的企业管理，还经历过内地企业较为温情的企业管理，最终都因地制宜、因病下药地完成了企业的管理变革。

正是有了这样的经历才能站在地面仰望星空，既了解基层员工行为背后的思考逻辑又理解企业经营的核心要点，既懂得管理的理念又能亲自推行实践操作。所以，本书讲的内容大部分是实践操作层面的方法论。很多企业家关注的是宏观的经营，把微观的管理看得很简单。但是，有些企业管理者学了一套套的理论之后，并不能系统解决如何实现经营目标的问题；有些企业管理者喜欢跟风，时下流行阿米巴就去学，结果劳民伤财，把企业搞得乱七八糟；还有一些企业管理者喜欢头疼医头、脚痛医脚，参加培训后觉得绩效要做起来就导入一套绩效管理体系，各种表格、各种高级的词语满天飞，结果不到半年搞得部门之间、部门上下矛盾重重又不得不放弃。

作为推动变革的高级管理者，首先应该知道企业经营管理的核心目标——让企业实现经营目标。但是，要实现企业经营管理的核心目标，就必须有一套完善的运营管理体系作为支撑。单独分解每一个管理模块，很多管理者一看都知道，但是每个模块之间的关联、深层次逻辑却并不是那么清楚。这也是为什么很多职业经理人到新的公司去会"水土不服"——其管理经验是在成熟的管理平台上去维护的，而并没有从开始去构建一个体系，属于那种"见过猪跑没吃过猪肉的人"。现代管理学之父彼得·德鲁克（Peter Drucker）曾说："管理就是实践。"中国有句古话叫作："知其然，更要知其所以然。"

笔者提倡的企业变革主要围绕两个方面构建企业的管理体系：一方面是"事"，另一方面是"人"。其目标是打造一个以构建企业文化为基础并在"事——流程、规范、标准"和"人——组织、能力、团队"上不断增值的管理体系。单独看都是很浅显的点，但是如何能有机结合起来确实不那么简单，尤其是从无到有地构建起来。

下面列举几个企业管理中比较容易出现的问题。这里先撇开战略问题不谈，聚焦管理问题。

一、管理基础不扎实，盲目搞管理升级

管理是一项技术，它在企业中实施的时候就表现成一个管理系统。如果管理者不清楚自己企业所处的阶段而盲目跟管理潮流，学所谓的先进的管理模式，极大可能是会出现危机的，基础不牢地动山摇。现在流行工业4.0信息化、自动化管理，很多企业就引入该模式，引入了之后发现，信息化全都是孤立的，数据孤岛并不能形成协同效应而产生更大的价值。因为连基础的IE工业工程都没有优化，不能在本质上解决设计流程问题。与此同时，增加了自动化设备，对维护的管理要求就更高了。

所以，管理技术像武功修行一样需要一层一层地修炼，底子没打好再花里胡哨的招式都不管用。例如，有些公司学了华为的职级管理就想导入这套管理体系，结果连基本的岗位说明书、岗位职责都没有。这些都是些无本之木。学习管理技术先要理解心法，再学招式。即使要做管理变革，也需要先夯实基础。

二、重视结果，不重视过程

有些企业的管理者被《请给我结果》这本书影响，喜欢说不要跟我讲过程，要给我结果。结果固然重要，这是当下的业绩价值，但是过程其实更重要。没有好的过程管理，结果一定存在着不确定性。所有的结果都需要过程管理来支撑。那么，什么是过程管理呢？

过程管理就是执行的流程化、标准化以及对偏差进行纠错改正。所以，过程管理需要有流程、有标准。流程和标准需要管理者制定出来，然后在执行过程中不断完善。偷懒的管理者会说："我不关注过程，给我结果就好了。"如

果没有规范的流程和作业的标准，那么每次的结果都依赖人的主观意愿，今天心情不好结果可能就不好。管理的一项重要功能就是增加结果的确定性，因此过程的规范化、标准化十分重要。与此同时，过程是需要检查的，不然就谈不上纠偏。检查就必须有依据，过程记录就是依据。所以，过程管理还包括对过程记录的检查，这个检查可以是全检，可以是抽检，也可以是免检，取决于过程节点的重要程度。若检查出来与流程或者作业要求不符，则要对员工进行教育，同时要统计相应的数据，对过程问题进行分类，针对多次发生的同一个问题进行分析，确定到底是标准设计有问题还是作业工具不匹配，还需要考虑员工的态度问题。

本书并没有像教科书一样去解释概念，而是从实践出发将多种可能性罗列出来，让读者自己思考，使其结合企业自身的特点制订科学的变革计划。

第一章
管理变革

第一节
企业为什么要进行管理变革

企业的发展一般遵循一个生命周期，那就是伊查克·爱迪斯（Ichak Adizes）博士提出的企业生命周期理论。管理变革就是让企业的发展能够跨越生命周期。英国管理学大师查尔斯·汉迪（Charles Handy）所著《第二曲线：跨越"S型曲线"的二次增长》中的"S型曲线"也体现了管理变革的思维。企业为什么会衰退、衰老呢？究其原因就是组织失去了活力，企业的"熵增"太大，越来越无序化。

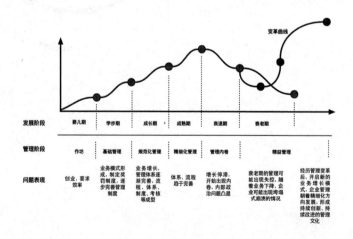

图 1-1 企业生命周期

从图 1-1 中可以看出企业发展的几个阶段及其对应的管理阶段。很多发展较好的企业到了衰退期容易出现管理内卷——没有突破地追求数据的细微提升，简单说就是低水平的重复。同时，容易出现内部亚文化与主流企业文化的冲突，如果一些不好的亚文化战胜了主流企业文化，那么企业将面临内耗和分裂。能否在这个时期完成企业变革，将决定企业未来的走向。

当然，最佳的变革点应该是在企业进入成熟期这个阶段，如图 1-2 所示。因为企业有足够的资源和空间进行变革，这个变革可以是战略变革、技术变革、业务变革，也可以是管理变革。这就是"创新技术的 S 曲线理论"——哈佛商学院教授克莱顿·克里斯坦森（Clayton M. Christensen）的著作《创新者的窘境》中提出的关于技术变革的理论。这个理论同样适用于企业的管理变革。

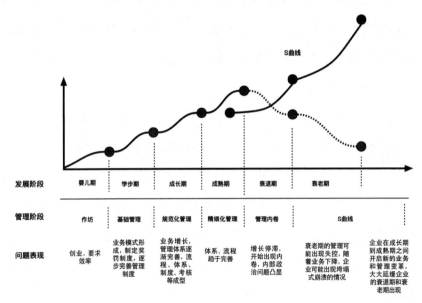

图 1-2　企业变革 S 曲线

笔者根据自己的理解将大部分企业管理发展的五个阶段做如下阐述：

● 作坊阶段

大多数企业开始都经历这个过程：老板或者几个合伙人先干，不需要什么流程，也不需要什么制度，而是逢山开路、遇水搭桥。员工也是跟着一起干，先把产品做出来、业绩做起来，再把客户稳定住，产品或多或少有一些瑕疵，后面再来改善。因此，在这个过程中，难免出现一些质量问题、安全事故等，但企业的快速发展能掩盖这些问题。

● 基础管理阶段

慢慢地，企业解决了生存的问题，规模越来越大，客户越来越多，产品越来越丰富，人员也不断增加，老板逐渐发现队伍不好带了，员工也难管了。于是，开始要求不允许做什么，如果做不好就罚款。这个阶段一般是以老板的关注点为焦点的。

● 规范化管理阶段

随着管理人员的进步和提升，客户要求的提高及市场竞争的加剧，企业开始做一些体系认证，如质量管理体系，努力朝着规范化的方向运作。各种制度、各种作业指导书开始出现，与之相关的检查工作开始开展，与此对应的绩效考核也开始进行。企业逐渐进入规范化管理阶段。

● 精细化管理阶段

初期因为竞争压力较小，企业的毛利率还是较高的。随着新的竞争对手的出现，客户的选择多了，产品的质量、价格都面临不小的挑战。于是，业绩开始下滑，这个时候老板意识到成本的重要性、研发技术的重要性、管理的重要性，等等。企业迫于竞争压力开始向内挖掘效益，于是，基于减少浪费、降本增效的管理升级开始了。研究产品设计端的优化空间，统计各个产品的成本、各个班组的效率、设备的稼动率，对工艺进行不断突破创新等都是将管理做得更加精细的措施。

● 精益管理阶段

企业经过精细化管理升级以后会进入一个平稳期，毛利率会维持在一个合理的水平。随着企业规模的扩大，需要对企业管理进一步升级。企业再一次通过人力资源管理优化、运营管理体系优化以及企业文化提炼、升华、推行，逐渐朝精益管理靠近。接着，企业持续不断鼓励优化、形成改善、创新文化；导入信息化、数据化的管理工具；引入单件流思想，导入自动化设备；等等。企业管理也逐步通过时间的沉淀成了员工自主管理。员工知道自己该做什么，怎么才能做得更好；团队不断思考如何改善，提出改善的提案、创新的方向。最终呈现的是产品质量更好，工作效率不断提升，甚至品牌逐渐形成影响力。究其一点，精益管理是一种基于改善、创新文化的管理思想。

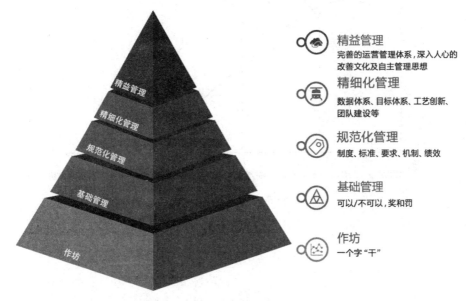

图 1-3　企业管理发展五阶段

　　当然，很多企业的发展过程并没有遵循企业管理发展的五个阶段，如图 1-3 所示，很可能是由于掌握了某种特殊的资源得以快速发展，又或者是学会了一种新的商业模式得以爆发式发展。但是，这些企业要么是难以做大，要么是昙花一现。企业想长期发展，一定要坚持以客户为导向、以管理为内核，以持续创新的文化为驱动力。

　　靠资源和靠模式的企业一般起点比较高，但是没有长远的规划，没有立足于企业经营，管理水平就会不断下降，而靠管理的企业一般起点比较低，需要不断翻山越岭，不断精进，如图 1-4 所示。打造改善、创新的企业文化使得企业可以很好地应对错综复杂的市场环境变化，最终实现可持续发展。

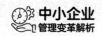
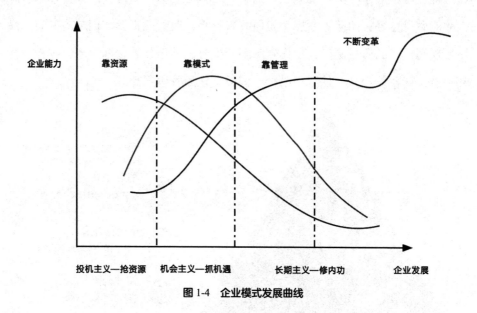

图 1-4　企业模式发展曲线

第二节
管理变革是什么

　　企业衰败的原因在于组织集体丧失了创新奋斗的意志。而企业变革的本质在于企业文化的重塑。如果一个企业有让组织时刻保持活力的机制和文化，那么它一定能跨越生命周期。

　　企业为什么会失去活力呢？从现实的角度出发，最早跟随老板创业的这批骨干，在生活富裕后，思想上容易懈怠，不再像创业初期那样干劲满满了。一旦高层管理者出现懈怠思想，企业的战略方向很可能因此迷失，进而影响中层干部乃至基层员工，导致整个团队失去奋斗的激情。

　　熵增原理是任正非先生非常推崇的管理哲学。在一个孤立系统里，如果没有外力做功，其总混乱度（即熵）会不断增加。也就是说，如果一个企业管理者不一直对企业做功，企业必然走向无序状态。当企业失去活力的时候，员工对未来没有目标，就会不断出现内耗，导致管理越来越低效，内部交易成本不断增加，企业无法跨越生命周期。所以，企业变革的本质在于企业文化的重塑。

　　变革就是要对企业管理做功，使企业从无序状态逐渐进入有序状态。变革意味着打碎原来的东西进行重构。自古以来就有变法一说，比如著名的商鞅变法让秦国摆脱长期以来的积弱积贫，从而为秦国的发展奠定了基础。

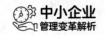
商鞅变法的艰难程度是很多企业家有所共鸣的。很多企业经营一段时间之后就会出现积重难返的情况，各个方面的问题都会暴露出来。因为企业在高速发展的时候，很多管理问题被市场需求和竞争态势所掩盖。随着市场逐渐成熟，竞争对手不断加入，竞争越发激烈，企业的利润不断下降。当成本居高不下、利润开始严重下滑时，企业可能面临出局的窘境。如果把秦孝公当成一位企业家的话，那么他面临的问题就是企业的生死存亡——积弱积贫的秦国可能会被以魏国为首的六国瓜分。

因此，一个企业是否能在恰当的时间进行变革是由企业家自身的格局和眼界所决定的。如果企业家没有危机意识的话，那么很可能该企业就像温水中的青蛙一样慢慢死亡。只有企业的核心团队都有危机意识并让其变成企业文化的一部分，企业才能做大做强，才能不需要在被逼无奈的时候启动刮骨疗伤式的企业变革。因为当企业面临生死抉择的时候，启动变革存在很大的风险。正所谓不变革是等死，变革是找死。但是，等死是必然会死，找死可能还有一线生机。因此，企业的管理者应该从企业建立之初就要具备危机意识和变革意识，不断完善企业的机制、体系、制度。正如任正非先生所言，企业应当追求的是从必然王国走向自由王国。

当然，很多民营企业的管理团队不够专业，在某个阶段必然会面临这样的问题。笔者认识的几位民营企业家都遇到过发展的瓶颈期，就是在竞争态势下企业利润低、成本高，生产出来的产品质量越来越难满足客户的需求。针对这样的企业，管理变革的前提是企业家能意识到企业需要变革，并且有强烈的意愿做出改变。

以一个笔者比较熟悉的企业为例。这家企业是典型的民营企业，年产值大概在1亿元。企业属于食品行业，经营十多年了。企业家当初就是靠5万元起家，成立公司，将该公司一步步发展为当地这个行业最大体量的企业。

从2012年开始，门店业务拓展，一年开了10家烘焙店、8家便利超市，同时拓展商超卖场业务并新增了酿酒板块，员工人数也从100人增加到300人。笔者时常被邀请去他的企业给管理人员做培训，当时就隐约觉得企业的整个管理体系并没有构建好。

随着企业的发展，多个板块出现亏损。但他是个精力旺盛的人，哪个板块有问题他就顶上去。这样，他周而复始地在各个板块间疲于奔命，继续支撑了好几年，肉眼可见的越来越憔悴了。2019年，他终于下定决心把烘焙店砍掉8家，便利超市砍掉4家，商超业务也压缩了50%。与他交往的这几年，笔者就一直在观察他采取的一些行动。这应该还是有代表意义的，毕竟是他的心路历程，或许不少读者也有类似的经历。稍作整理如下：

● 初创期

20世纪90年代下岗，开始创业，采用领先的生产工艺，快速赚取了第一桶金。

● 发展期

在这个阶段，企业的业务越来越多，他开始感觉自己可能是"天选之子"，集运气与胆识于一身。毕竟那个时候他不懂管理、不懂战略，凭的就是胆子大，敢干。

● 平稳期

他觉得企业发展到这个程度够了，自己也是白手起家，过个富足的小日子已经很好了，业务自己也基本能管得过来。

● 躁动期

参加政府的一些企业见面会后，他慢慢有了扩大企业规模的想法，认为能做5 000万元就能努力做1个亿，能做1个亿也能想办法做10个亿。同时，政府不断出台一些刺激政策，鼓励企业做大做强，要资金给资金，要资源给资源。于是，他在心里盘算着上市也不是不可能的，梦想总是要有的，万一实现了呢。

● 突破期

经历多番的论证，他决定成立多个事业部，开始拓展业务，并决心两年将业务量增长一倍。但是在此过程中，他没有梳理人员结构，没有反思管理体系是否能够支撑短时间、大规模的扩张。

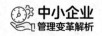
● 反思期

快速扩张的结果就是自扩张开始那天起,企业新增的业务就没有盈利的,门店不断亏损,内部流程问题频出。

于是,他开始反思自己的决策,审视公司的现状。最开始是觉得团队中一些人不行,换了以后发现还是不行。后来,觉得自己对管理不是太专业,就开始优化事业部模式,希望通过完善机制激发团队的活力。但是,因为基础管理不行,事业部模式也失败了,公司更加混乱,事业部之间为了争夺资源经常吵得不可开交。在此过程中,他不断引进一些管理人才,但是因为种种原因没能留下来。他继续参加一些高端的培训项目,希望自己在认知层面有所突破。这期间,他结识了一些优秀的、能帮他出谋划策的企业家。在顶层设计上他有了新的想法,但是企业本身依然处于规范化管理都还缺失的阶段。

● 迷茫期

持续的亏损带来的连锁反应就是团队越来越不稳定,供应链出现资金缺口,企业进入死循环。他逐渐清晰地认识到自己在企业转型升级方面存在的管理缺失。

● 顿悟期

他重新梳理企业的基础管理体系,从基本的组织架构开始,再到管理流程以及管理制度,并从顶层设计思考企业变革的方向及具体措施,重新选择细分赛道,确定企业的战略方向。这个过程是极其痛苦的,幸好他的决心足够大,甚至做好了最坏的打算。现在,他的企业经过一年多的调整,开始向好。相信经历浴火重生之后,他的企业一定能获得新的生机,有更长远的发展。

当一个企业被迫变革时,那就只能破釜沉舟、背水一战。企业家一旦选择变革这条路,不管遇到任何阻力和困难,都必须坚定地走下去。

第三节
企业变革的动力与阻力

企业变革的动力来自创始人或创始团队强烈的危机意识，意识到企业未来面临的挑战和将出现的困境。这个与企业所有者自身的认知有强相关性，与企业所处的时期有强相关性。企业好的时候，管理者一般是很难有忧患意识的，当企业出现危机的时候，管理者必然会焦虑、迷茫，甚至失去方向。越早意识到变革的需求越好，因此企业的管理者应该具有忧患意识，并持续在企业内部传播这种意识，形成从上到下的紧迫感。

一、企业出现系统性危机

（一）战略不明，资源错配

企业因缺乏对自身优劣势的深入分析，以及对战略缺乏具体而系统的规划，同时未能对所需资源进行有效评估，导致众多项目夭折。战略上的不坚定与发展方向的频繁变动，使得企业难以形成可持续的战略规划。

（二）目标不强，做哪算哪

管理者没有目标就没有责任，没有责任，事情一定是做不好的，做到哪算哪，从而在企业内部形成一种随意的氛围。

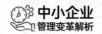
（三）组织混乱，架构不明

这个问题很多企业普遍存在。有些企业家觉得企业不大，没必要分那么细，大家都是合伙人，不是我做就是你做。一个组织的架构是这个组织的责任框架、流程框架、信息流框架，如果经常出现多头领导、交叉负责、信息不通畅、决策低效等问题，那么该组织必然整体效率低下，甚至严重内耗。

（四）流程缺失，执行乏力

没有清晰的管理流程导致很多工作凭经验、靠感觉开展。没有节点评审，没有信息串联，决策靠领导拍脑袋。流程不清晰的工作自然就没有时效、没有标准、没有风控，执行力更是无从谈起。也有一些企业口口声声说有流程，但是对流程选择性执行，特殊事项特殊处理的现象屡见不鲜。

（五）责任不定，激励不勤

管理架构不清晰自然导致领导者责任不清晰。由于每个岗位的工作职责模糊不清，因此设计科学合理的绩效考核体系变得极为困难，进而难以实现激励措施的公平公正。

（六）标准随意，结果乱套

工作结果没有明确的标准，好与不好全凭领导一句话，最终导致工作要求不一，上下游部门间出现问题就推卸责任，最后不了了之，无法追责，企业蒙受损失。

（七）团队涣散，各自为政

前面的这些问题必然导致部门间的相互推诿越来越多，常常因为部门间衔接不畅导致部门领导之间关系紧张，缺乏有效协作。随着时间推移，内部矛盾深化，内耗严重，管理团队无法形成合力，出现各自为政的情况。

（八）缺少检讨，得过且过

因为没有目标管理，没有责任体系，所以检讨机制也是失效的。没有检讨，企业就无法进步，员工得过且过，务虚不务实。最终导致企业一直处于亏损状态；会议室天天有人在开会；库存损耗居高不下；客户抱怨越来越多；由于未遵循先进先出的原则，新进的一批原材料过期报废了；为了提高生产效率，产品的标准不断被降低，产品送达客户后出现退货的情况；为了掩盖市场能力不足的问题，业务部提议下调产品价格，或者推出新品以提高竞争力，最终迫使老板作出艰难的决策……这些就如同泥潭一般，不断吞噬着领导者的精力和意志。

然而，当领导者下定决心要启动变革的时候，却发现另一个挑战在等着。企业变革的阻力可能会让一家企业倒闭，尤其是当领导者意志不够坚定的时候。

二、企业变革的阻力

企业变革的阻力往往超乎人们的想象。如果说构建一个新企业已经充满挑战，那么变革一个老企业的难度将是前者的数倍，甚至更高。企业变革的阻力，首先是领导者的意志不坚定，前怕狼后怕虎，投鼠忌器，朝令夕改。其次是管理者与员工的行为习惯难以改变。要改变行为习惯，首要任务是改变思想观念，但改变思想观念本身是一项极其艰巨的任务。最后是现有混乱模式下的既得利益者的阻碍，尽管企业处于亏损状态，但是他们一直从中获益，因此他们会站在变革的对立面。

纵观历史上诸多的变法，成功的寥寥无几。最值得称赞的就是秦孝公痛定思痛，决心变法强国，并力排众议为商鞅变法扫除一切障碍，以坚定的意志抵挡利益集团的反抗，最终成就了在历史长河中的一段君明臣贤教科书式的变法。反观一些变法失败的案例，比如宋神宗时期的王安石变法、清朝末年的戊戌变法等都以失败而告终，在很大程度上是因为领导者的意志不够坚定、民众的思想僵化、既得利益者太强大。

（一）领导者的意志不坚定

一个企业在实施变革的过程中，往往会遭受大部分员工的抵触，同时会面临来自内部和外部的矛盾和冲突，甚至面临群体间的对立。与此同时，企业肯定会暴露出各种问题：业绩下滑，相关的资源需要重新分配，甚至不得已需要对一些核心成员进行了调整。这些都是领导者需要考虑的问题。企业变革需要面对两方面的压力：一方面，市场上、财务上的压力；另一方面，精神上、情感上的压力。如果领导者没有坚定的意志，企业变革就一定会失败。

笔者曾经工作过的集团公司有一家分公司是做锂电池的。公司鼎盛时期，客户在工厂门口排队等货，每年几亿元的利润。随着竞争对手的不断增加，行业快速发展，企业迟迟没有做出前瞻性的调整，导致其在2010年出现危机。

这个公司有两个大的问题，第一个问题是没有长期且清晰的发展战略规划，仅仅凭借先发优势，获取超额利润。没有清晰的发展战略规划导致组织僵化、技术落后，至今仍沿用第一代陈旧设备，而竞争者的设备已迭代三次。这导致该企业产品成本高，没有竞争力，订单减少。老板也意识到问题，并开始着手对公司管理层进行调整。他更换了公司的核心管理层，寄希望于新团队能够扭转局势。随着变革的深入，公司开始出现一些危机，如与供应商关系变得紧张、合作出现问题，公司内部斗争日益加剧。这个时候，老板就开始动摇了，刚有起色的团队被搁置，改由外部咨询公司的管理团队托管。结果可想而知，公司内耗加速了公司的衰败。不到两年，这个公司就破产了，令人扼腕叹息。

还有一个案例，也是笔者工作过的企业。这个企业早期是做贸易的，后来转型做组装，再延伸产业链。企业快速发展，2010年，年营业额在5亿元左右。但随着时间的推移，该企业出现了发展停滞的情况。前期，企业高速发展的一个原因是核心骨干是亲戚或者同学，这些人在企业发展初期尽心尽力。但是，到了某一个阶段后，家族式管理就出现问题。他们能力有限，并不断相互攀比、相互掣肘，导致企业开始内耗，发展也停滞，管理问题不断暴露。于是，董事长经过思考，最终决定对企业进行变革。这个企业的董事长跟笔者分享过他用三年的时间对企业进行变革的关键措施：

①通过释放股权，引入能力非常强的合伙人，从而补齐自身短板；

②积极学习企业管理的知识，同时给家族的管理成员提供学习的机会；

③对于一些专业性很强的岗位，果断外聘优秀的职业管理者，淘汰不合格的人员；

④请管理咨询公司对内部人员进行为期两年的辅导，并从限制个人职权范围入手，全面推行流程化和标准化的管理改革；

⑤给被淘汰的家族成员一定的经济补偿。

其间，他承受了非常大的压力，包括企业的短期效益压力，以及情感的压力。正是因为他有着坚定的意志，才能顶着这样的压力完成变革。经过三年的阵痛期后，他的企业规模开始稳步扩张，年销售额迅速攀升至15亿元。

（二）团队的行为习惯难以改变

人的行为习惯是最难改变的，因为其背后的思考逻辑很难改变。在企业中，员工的行为规范、作业要求均依据管理制度确立，若长时间缺乏严格管理，便会滋生马虎之风，进而导致随意、偷懒等不良行为习惯的形成。因为人都是趋利避害的，员工会以最小的代价争取获得最大的回报。

在参加培训的时候，笔者曾经听到过一个国内企业的案例。江苏有一家以生产磁带放录机而闻名的企业，为了提升竞争力，特地从日本引进了一条先进的自动生产线。日本的技术人员要求厂房必须洁净，同时所有员工在进入厂房时必须穿着无尘服。日本的技术人员调试好设备后，产品的质量和生产效率确实得到显著提升，随后，他们便将设备交付给中国的管理团队，并再次叮嘱必须对生产环境中的粉尘进行严格的管理。

管理层一开始按照相关的要求进行管理。没过多久，员工就开始抱怨防尘服既麻烦又闷热，他们希望只穿防尘上衣，不穿防尘裤，这样还能给企业节省成本。上报给上级后，上级也觉得该措施可行就同意了。于是，员工进入厂房时，穿上下的连体防尘服就变成了只穿防尘上衣。员工发现，日本工程师有些危言耸听，他们即使不穿防尘服，产品也没有什么问题。半年后，防尘服也不按要求更换、清洗了，员工有的穿有的不穿。一年左右，产品开始出现问题，设备也频繁出现故障，最终这条在20世纪90年代花费了近千万的自动生产线沦为了废铁。

再举一个笔者经历的案例。当时，我们有一道工序要求员工上8颗螺丝，打螺丝的顺序有明确要求：按对角顺序打，同时需要用10N和15N两种扭力各打一次。起初，员工都遵守了这个要求，随着时间的推移，为了省事，他们开始简化操作了，直接用15N打一次。再后来，也不按对角顺序了，怎么方便怎么来。结果，产品持续出现破裂的质量问题，经过反复排查最终发现问题

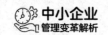
的根源在于加工过程中应力分布不均。

行为习惯的可怕之处，往往在于其潜移默化的影响，坏习惯如同千里之堤上的蚁穴，一旦忽视，后果不堪设想。因此，要真正改变行为习惯，必须先从改变思维模式入手。然而，若没有坚实的制度基础作为支撑，改变行为与思维将变得异常艰难，近乎不可能。许多企业的管理者常常满怀激情地想要在企业内部推行新的管理制度，但遗憾的是，这些改革往往轰轰烈烈地开始，却以悄无声息的失败告终，最终一切又回到原点。这说明，企业变革不仅需要热情与决心，更需要周密的规划与持续的努力，以及与之相匹配的制度保障。

正如战国时期赵武灵王推动胡服骑射这一变革，其难度之大可想而知。当时，他要求人们改变中原地区的传统观念，学习胡人的习俗，几乎遭到所有人的反对。然而，赵武灵王并未放弃，他采取循序渐进的策略，从贵族入手，逐步让他们接受这一变革，经过数年的不懈努力，最终才将胡服骑射推广至全国。在企业管理中，这一道理同样适用。当组织的观念已经根深蒂固时，短期的、急功近利的措施往往难以奏效。管理者需要充分认识到这一点，并做好投入较长的时间和较多的精力改变员工的思想观念和行为习惯的准备。这也是管理变革中最为艰难和复杂的部分之一，需要管理者具备坚定的意志、敏锐的洞察力和高超的领导力，以逐步推动组织转型升级。

（三）既得利益者的阻碍

所谓既得利益者，从高层到中层，乃至基层，都广泛存在。就高层来说，他们掌握着大量资源，在没有制度约束的时候，很可能出现腐败的情况。这主要体现在：他们可能掌握着产品的定价权，在没有经过财务核算的情况下，私下给客户输送利益；他们也可能掌握着供应链资源，能够从供应商那里谋取私利。一旦企业计划实施相关管控措施，就必然触及他们的切身利益，因此他们或多或少会采取明里暗里的手段进行阻挠。在企业内部，老板对可能存在的漏洞心知肚明，但随着时间的推移，许多老板即便想采取行动，也往往望而却步。一方面，这些高层管理者可能故意阻断信息传递，制造信息不对称，使老板难以掌握真实情况；另一方面，部门内部可能已形成了牢固的利益团体，外人难以渗透，一旦触动，可能引发整个业务体系的瘫痪。因此，老板往往只能默默承受，将苦水往肚子里咽。

有部分能力一般的中层管理者也是既得利益者。因为他们能力不行，在管理松散，没有考核、没有监督的情况下，可以浑水摸鱼。一旦管理体系日益严格、管理要求越发明晰，他们就是退潮后最先显露真面目的群体。这类人倾向于将精力集中在为上级解决难题、为下属掩盖过失之上，依靠虚假数据粉饰自己的业绩。这样的中层管理者相当普遍，表面看似无所不能、情商极高，但在关键时刻往往不堪一击。

基层员工往往是最易受到鼓动而站出来反对变革的群体。由于许多改革举措最终需由基层落实执行，部分员工长期形成的纪律松散乃至不良工作风气，使他们意识到变革将直接威胁自身利益，故而不惜一切代价阻挠。这些员工虽属少数，但其煽动能力极强，往往能影响其他原本渴望公平待遇、踏实工作的员工，使他们在企业中难以立足。

以上这些都是企业变革的阻力。当然，还是那句话，每一个企业的情况不一样，还是要根据企业的情况具体分析。总之，只需要理解其本质就行了。

第四节
企业如何实行管理变革

一、分析现状

企业变革，需要企业家亲自主导。第一步就是分析企业存在的问题。企业需要从战略高度出发，运用 SWOT 工具分析企业的内外部资源以及优劣势，进而明确企业的发展方向。一般的咨询机构会指导企业家提炼出企业的使命、愿景以及价值观等核心内容。但是，很多中小企业很难像国内乃至国际一流的大企业一样有着宏大的企业目标，而是期望通过技术服务或产品制造，在合理商业逻辑下实现盈利与财富增长。

企业初创时，若企业家有长远目标，固然令人钦佩。即便资源有限，若企业家对某行业有深刻理解，亦能在行业中立足。初期或因客户资源、技术实力而起步，在逐步探索的过程中明确企业的价值。并非所有企业家都有改变世界的宏愿，找到客户与价值便是企业生存发展之本。众多优秀企业均从贸易起步，逐步拓展至技术研发，并在此过程中逐渐明确竞争优势。

因此，笔者建议中小企业在变革之初，应先明确自身在产业链中的定位，以及向客户提供何种有价值的服务或产品。管理团队需要运用 SWOT 工具分析自身优劣势、机会和威胁，并明确战略方向，反思现在的战略是否合理，如果要调整会有什么风险，如果不调整会存在什么样的危机。

通过深入剖析数据和具体案例透视企业的实际运营状态，并据此制订全面的变革计划。该变革计划可细分为两大层面：一是顶层战略规划，涵盖组织结构的优化以及市场定位的调整；二是管理变革实践，聚焦于管理体系的构建与完善，以确保变革目标的实现。

SWOT 分析法，即态势分析法，在20世纪80年代初由美国旧金山大学的管理学教授海因茨·韦里克（Heinz Weihrich）提出，经常被用于企业战略制定、竞争对手分析等场合。

SWOT 分析包括分析企业的优势（strength）、劣势（weakness）、机会（opportunity）和威胁（threat）。因此，SWOT 分析法实际上是对企业内外部条件进行综合和概括，进而分析组织的优劣势、面临的机会和威胁的一种方法。

通过 SWOT 分析，企业可以把资源聚集在自己的强项和有最多机会的地方。

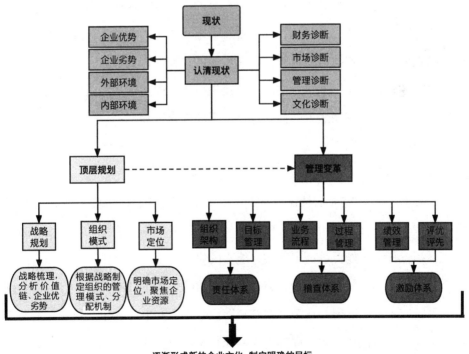

图 1-5　企业变革分析图

关于顶层规划的内容本书暂不做阐述，而是聚焦在管理变革上。

管理变革可以围绕三个方面展开，那就是责任体系、稽查体系、激励体系，如图1-5所示。

（一）责任体系

责任体系是指使整个组织的全体成员围绕着企业的目标形成一个自上而下的责任分解体系。首先，需要明确企业的经营目标，如销售额、利润率、增长率。其次，将经营目标分解为工作目标，如新客户开发、销售回款、成本控制、人均产出。最后，梳理企业的组织架构，根据组织的管理模式优化企业的管理架构。通过明晰的架构设计和目标分解，企业得以构建责任体系。同时，为确保责任体系的有效运行，需建立相应的管理制度作为支撑。然而，仅有责任体系尚显不足，为确保目标完成，还需稽查体系以及激励体系作为支撑。

（二）稽查体系

稽查体系主要包括业务流程、过程管理两个部分。这是一套执行体系，如果想要规范、高效地完成目标，就需要有清晰、明确的业务流程及管理制度。没有稽查就无法确定执行的过程，没有可控的过程，那么目标完成就是一纸空谈。稽查体系相当于管理体系中的一套反馈机制，通过不断检讨、不断对标、不断优化，赋能管理团队不断提高标准、不断规范过程。

（三）激励体系

通过稽查体系的运行，相关的结果信息和过程信息被输出。基于这些信息，可以评估目标完成的情况。同时，在执行过程中，明确哪些人员应被批评，哪些人员应被表彰，从而构建企业的评优评先机制。这一机制不仅能激励员工承担责任，还能促进员工素质与能力的提升。

以上三个体系构成了一个闭环的"铁三角"，如图1-6所示，管理变革就围绕着这三个方面开展。这个"铁三角"涵盖了人和事两方面。企业实现增值的关键在于不断优化流程，提升人才的能力及素质。

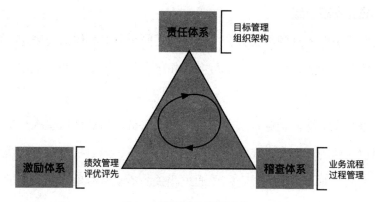

图 1-6　管理闭环"铁三角"

二、管理层沟通

首先，让团队认识到企业当前存在的问题及其面临的危机。通过数据分析，明确标识出企业的症结所在，使管理人员深刻意识到，若不及时采取行动，企业将不可避免地步入衰老期，甚至面临生存危机，进而激发管理人员的变革意识。

其次，与核心团队进行深入的讨论，广泛听取他们的意见。应鼓励他们充分表达自己的想法，以便根据这些反馈进一步优化行动方案。高层管理者的沟通在变革中占据着至关重要的地位，因为企业文化一旦形成，要转变其固有的观念，尤其是高层管理人员的观念，往往异常艰难。因此，领导者需要具备敏锐的洞察力，清晰分辨出哪些人是明确反对者，哪些人是坚定支持者，以及哪些人处于观望状态。正如毛泽东同志在《中国社会各阶级的分析》中所言："谁是我们的敌人？谁是我们的朋友？这个问题是革命的首要问题。"基于这样的分析，可以有针对性地制定团队调整方案。

最后，在与高层管理者沟通并听取其意见后，若无明显异议，则应坚定不移地执行既定方案。如果那些原本缺乏建设性的意见能够解决问题，那么企业也不至于走到被迫变革的境地。值得注意的是，许多企业的高层管理人员往往不会明确地支持变革，因为他们与企业共同成长，企业的现状也凝聚了他们的心血与努力。他们虽能意识到问题所在，但并不确信变革能带来更好的结果。

三、成立变革小组

成立变革小组还是变革委员会，应根据不同企业的具体情况来定。如果企业规模比较大，就需要成立变革委员会；如果企业规模小一些，就需要成立变革小组。

这个组织需要纳入企业管理团队中优秀的人员。当然，这些人员应该是明确支持管理变革的。其中存在一些表面上支持变革，内心抗拒变革的成员，这是很难避免的。对于这类人员，需要通过相关的活动慢慢地改变他们的态度。经过一段阵痛期后，如果原来支持的成员不再支持了，或者说大部分人不再支持了，那么这个企业的变革很可能会失败。

四、制订实施计划

根据上面的分析制订实施计划。整个计划围绕三个方面进行，那就是顶层设计、管理三体系、企业文化，如图1-7所示。

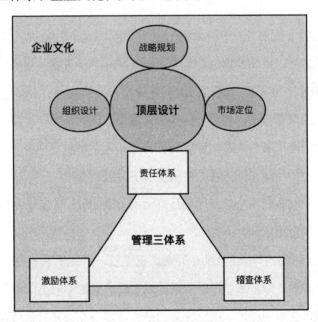

图 1-7 企业管理变革框架

根据企业管理变革框架梳理出管理变革的模块及实施顺序，如表1-1所示。

表1-1 企业管理变革计划简表

序号	项目	概要
1	战略规划梳理	明确企业的战略方向，做价值链分析。再次明确市场定位、资源配置等战略层的规划
2	梳理组织架构	根据规划梳理组织的架构，同时将部门职责以及岗位职责再次梳理，明确责任边界
3	全员动员	召开全体员工的动员会，明确变革的决心以及变革的目标。构建可视化全方位的宣传体系
4	建立目标管理	将企业的战略目标逐级分解成经营目标、工作目标以及具体细分指标
5	建立绩效管理	构建绩效管理体系，激励全体员工为企业的目标不断奋进并享受实现目标的收益。持续优化过程方法以及提升组织能力。绩效管理的同时构建一套计划执行体系
6	建立约束机制	逐步建立企业的约束机制，导入《差错管理制度》。建立企业规则体系、责任体系。明确众所皆知的倡导以及旗帜鲜明的禁止，形成积极的管理氛围
7	推行6S管理	启动6S推行或者精进活动。通过目视化的管理要求推行企业的管理制度以及管理标准，让员工在行为和思维上逐渐做出积极改变
8	建立日清体系	建立日清体系就是建立日常的工作落实机制，以及做好对每天、每周、每月工作目标是否完成的检讨。建立信息传递机制确保目标层层落实的同时反馈层层到达，确保每阶段目标执行可控，及时有效处理异常
9	完善业务管理体系	对质量管理体系等业务流程进行学习检讨。梳理并完善切实有效的工作流程、管理制度、规范标准等
10	建立过程管理体系	围绕目标完成建立分级的稽查体系，让过程管理在稽查体系的保障下能不断实现目标、优化过程方法、提升结果标准
11	完善数据体系	围绕目标管理构建企业的数据管理体系，明确如何定义数据、采集数据、传递数据以及分析数据。让数据为经营决策指明方向
12	完善人资体系	建立人力资源管理体系。让合适的人做合适的事情，发挥员工最大的价值，并驱动组织持续进步；让人员有序进出，激活组织活力
13	评优评先	建立企业的荣誉体系，让标杆榜样成为企业的活力源泉，激励全员去创造价值
14	团队积分	构建企业的小组织、小团队积分体系。让小组织能充满活力地在一线创造价值。让优秀者有立足之地
15	改善体系	将项目类改善与全员改善相结合，促进企业的知识积累以及优化创新。做好企业的知识管理，激发全员的智慧，让企业有持续的创新动能
16	企业信息化	对精细化管理进行信息化升级，使企业运营更加高效、精细。通过信息化管理软件将各个管理模块串联，实现其"经营仪表盘"及"体检报告"的功能

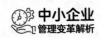

序号	项目	概要
17	企业文化	完善企业文化的内容以及围绕企业文化开展一系列有序的活动，旨在将前面制度层面的工作通过文化来黏合，并形成持续、创新、开拓、进取的文化基因，不断传承迭代

五、实施管理变革

管理变革实施的节奏因企业的性质和模式不同而不同，大致的路径有以下三种：

一是先点后面，先从基层人员开始，再到中层管理者，最后到高层管理者；

二是直接从中层管理者开始，再普及基层人员，最后影响高层管理者；

三是从高层管理者开始，再到中层管理者，最后到基层人员。

在实施过程中，避免操之过急、一蹴而就的心态。企业的现状是长期积累的结果，其改变同样需要时间。在变革时，不宜全面铺开，而应遵循循序渐进的原则。此外，对于重大的制度或流程变革，先试行1～3个月，其间仅统计执行情况而不直接关联利益，待试行期满后再考虑利益调整。对于不太确定的事项，可以先在部门内试行，总结经验后再逐步扩大推广范围。总之，实施变革需领导者坚定意志，灵活应对各种情况，避免急于求成，以确保变革的稳步推进和最终成功。

第二章
运营管理

第一节
管理变革——运营管理

　　一个企业的运营管理部门的能力基本决定了这个企业的运营能力。很多企业并不会单独设立这样一个部门，而是把它的很多职能分解下去。很多时候，企业没有人能够胜任这个部门的管理者职位或者统筹这个部门的工作，毕竟没有一套完整的运营管理体系，一般的管理者确实容易出现盲人摸象的情况，最终导致与各职能部门产生矛盾，运营管理的统筹权威丧失。

　　举一个电子竞技的例子。喜欢玩游戏的读者应该知道英雄联盟和王者荣耀这两款游戏。它们每年都会举办全国乃至国际级别的赛事，在这些赛事中，一支队伍直接参赛的选手是5名，还包括一位优秀的游戏运营。游戏运营是根据比赛阵容，敌我双方的优劣势制定运营策略，将每一个小兵、小怪能带来多少经济收益，在不同经济收益下每次团战获胜的概率计算出来。如果没有游戏运营，仅仅靠5名队友相互配合是很难获胜的。5个人在游戏中的职业是不一样的，分工也不同。因此，需要有全局思维的人冷静分析局势，给予场上队员指令。而企业的运营管理者类似游戏运营，主要职责是制定对应的策略，分解执行，协调各个部门统一行动，最终实现企业的发展目标。

第二节
运营管理解决什么

一、信息串联差，横向沟通难

传统的企业架构一般采用垂直管理的模式，有采购部、行政部、人力资源部、设备部、生产部、质量部、市场部、研发部等。从传统的企业架构上来说，跨部门的信息传递存在效率低下的问题。每个部门都认为将自己的事情做完就好，到了下一个部门就不关自己的事情了，甚至连自己职责内的事情都可能避重就轻、趋利避害。这些在正常情况下通常不太容易出问题，但在一些突发情况下，如果未能及时协调统筹，就很容易出现信息串联失效等状况，进而导致问题恶化。

笔者曾接触过一些中等规模的企业，其订单管理由销售部负责，销售部将订单信息传递给计划部和采购部，计划部负责安排生产，采购部负责物料配套，工程部负责工艺流程的制定，质量部负责保障质量达标。这种多部门协同的架构比较普遍，但在遇到突发状况的时候不仅效率特别低而且经常出现推诿甩责的情况。出现问题的时候，只有销售部最着急，因为客户逼着他们按期交货。销售部要协调各个部门的工作进度，难度可想而知。

举例来说，销售部将订单给到计划部，计划部安排生产，在此过程中，设备出现配件故障要停机。正常的流程就是生产部反馈设备停机导致无法按期交货，业务部与客户沟通，说明订单无法完成的情况。虽然从流程上来说没有问题，但是结果就是客户终止合作，公司遭受损失。如果有一个部门能将这些关键信息统筹起来，那么可以有更多的办法解决问题。可能读者会说，生产部或者计划部可以自己解决问题。虽然它们可能有指标考核，但是它们调动资源的能力肯定不如对其他部门有考核权限的一个独立部门。

因此，对跨部门协调的主导方应该尽可能使其具备考核评价的职能，这样横向沟通和协调的效率将大大提升，从而更加灵活、高效地处理突发情况。

二、没有部门负责经营目标的实现

在很多企业中，虽然老板或者总经理清楚经营目标，但各部门的负责人往往仅聚焦于自身指标的完成。然而，指标是由经营目标分解而来的，这就很可能导致中高层管理者只见树木不见森林。因为分解下来的指标是否合理也是存在疑问的，有时候因为机制的问题，各部门的所有关键绩效指标（key performance indicator, KPI）都完成了，但是企业的经营目标没有实现。即使产品合格率达到100%，企业还是不赚钱，所以这就需要有部门分析企业的经营数据，查看其与经营目标的差距，及时调整 KPI，协调各部门朝着一致的目标努力。

可能有读者会提议，让财务部作为主导部门负责经营目标的实现，仅需将利润等财务指标分解为工作指标，分派给各部门执行即可。这种看法实际上是对企业经营的肤浅理解。一个企业要实现协调发展，必须依赖健全体系的支撑，仅凭财务数据，往往无法及时作出正确的决策。

三、企业没有经营决策"仪表盘"

什么是企业经营决策"仪表盘"？就和司机驾驶汽车一样，汽车在行驶的过程中需要司机看汽车的车速、发动机的转速、冷却液的温度、车内的温度、胎压、剩余油量等。很多时候，汽车出现故障前会在仪表盘上提前体现，同样汽车的稳定性也能通过仪表盘得到体现。对企业来说，同样需要一个部门提供整个企业的"仪表盘"信息，以便实时监控和评估企业的运营情况。

运营管理部就可以实现这个功能。企业的关键数据可以细分为结果数据、过程数据以及管理趋势数据，如表2-1所示。

表2-1 企业的关键数据

类别	项目	备注
结果数据	产量、质量、成本	这些项目可以及时反映经营的情况，这些都是影响企业发展的数据
	销售额、毛利率、回款率	
	新产品研发数量	
过程数据	人均产值、单位时间产出	这些过程数据是支撑结果数据的，如果过程数据不好，那么结果数据也会不好
	设备利用率、生产周期	
	损耗率、返工率	
管理趋势数据	质量巡查问题点、运营稽查问题点	通过趋势预判提前干预过程，以获得好的结果
	提案改善数、干部自查问题点数	

运营管理部需要收集、分析数据，并制成图表，以构建企业经营管理"仪表盘"。随着企业的发展，可以灵活调整"仪表盘"的数据模板。与此同时，如果企业引入信息化管理工具，则可实时地构建和完善相关数据链。

四、推动改善的动力不足

企业需要构建稽查体系，加大检查力度，促使员工养成自我监督的习惯，培养管理干部清晰的日常管理思路，形成发现并解决问题的习惯。

在管理学中，人们常以人性懒惰为出发点，采取下限管理策略。这与海尔斜坡球体理论相呼应，两者均指出缺乏约束、检查与处罚时，下限管理难保成效。管理干部需权衡管理成本，而运营管理部的稽查作用则在于打破此平衡，激励管理干部主动管理。

在堵住管理下限之后，持续提升管理上限成为关键，这需要紧密结合人力资源管理与企业文化塑造。运营管理部应肩负起推动改善体系构建的重任：一方面，促进检查部门建立有效的检查机制，并制订改善计划，推动项目优化；另一方面，倡导全员参与，激发全员创新活力。

若无部门主动引领改善体系的构建，企业将面临管理混乱、加速步入衰退期的局面。因此，亟须一个部门持续为管理体系注入活力。从熵增理论视角来看，管理由无序向有序的转变，必然需对组织施加正面作用力。运营管理部则是这一过程中的协调者与领航者，能够确保各方力量统一方向，共同推动组织向更加有序、高效的状态发展。

五、内部裁决难

企业在发展过程中，总是会遇到制度不健全、职责划分不明确以及责任归属不清晰等问题。所以，总经理总是需要花大量的精力解决出现的问题。总经理如果频繁扮演裁判角色，可能会导致其工作效率下降，其管理权威性和决策公正性受到质疑。因此，需要在业务部门与总经理之间设置一个专门的职能部门提前收集信息，为总经理作决策提供有力的依据。这样可以使总经理减少花费在内部事务上的时间和精力，从而专注于战略规划和市场拓展。

笔者认识的一位企业的总经理，他每天都会接待前来倾诉困难的各部门负责人、调解纷争。然而，他却乐此不疲，享受着这种调解纷争、担当裁判的乐趣，并未意识到这种做法可能会导致团队状况日益恶化，时间一长，一些部门会在背后指责他处理不公。毕竟，仓促之间作出的决策往往存在诸多后患。因此，运营管理部可以针对此类重大事件进行全面深入的调查分析，提供详尽的信息作为总经理决策的依据。实际上，很多事情可能根本无须总经理亲自决策，运营管理部可依据既定的流程制度进行处理。

综上所述，企业亟须认识到运营管理部的重要性，成立运营管理部，对整个运营管理体系进行全面的梳理与重构，以明确其对经营目标的责任，并使其承担起跨部门事项的协调统筹工作，从而推动各类管理体系的有效执行与持续优化。

第三节
运营管理的必要性

企业的管理者需要既懂经营又懂管理。如果企业的管理者只懂管理不懂经营就会出现方向不明、无的放矢，只见树木不见森林的情况；如果企业的管理者只懂经营不懂管理就会出现方法失当、执行乏力，企业持续经营的可控性不足等问题。

因此，企业的管理者要围绕企业的战略目标和经营目标布局。企业的运营管理工作旨在通过将经营和管理相结合，运用运营思维将企业的战略目标细化为一系列具体的管理活动。企业运营管理应该实现的目标主要包括：

第一，企业经营成功体现在财务成功和市场成功两方面。具体来说，就是企业获得了目标利润以及成功占领了目标市场。

第二，企业内部构建完善业务管理体系，确保相关的流程、制度能顺畅、高效地运行，形成良性循环。

第三，企业应致力于人力资本的不断增值，通过优化组织结构，使其更加契合企业的发展需求。同时，建立健全的激励体系，以激发员工的潜能，促进员工能力与素质的持续提升。

第四，企业应建立持续改进的体系，并逐步培育独特的改善文化。在这一过程中，企业应不断规范工作流程，实现结果的标准化，使每一位员工都能为企业的发展贡献智慧，促使企业形成自主管理、持续改进的良好氛围。这样的企业文化不仅能够推动企业不断向前发展，还能够增强员工的归属感和责任感，使其共同为实现企业的长远目标而努力。

企业运营管理实现的目标，如图 2-1 所示。

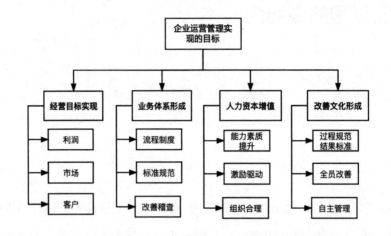

图 2-1　企业运营管理实现的目标

在明确了运营管理的目标之后，可以进一步将其细化为各个管理模块，这一结构化的呈现方式称为运营管理飞碟图，如图 2-2 所示。

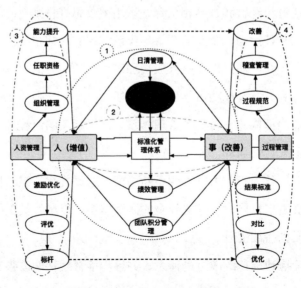

图 2-2　运营管理飞碟图

这个形似飞碟的运营管理系统框架主要分为三个大的部分，主体是经营目标，两侧是围绕着事不断优化流程以及围绕着人不断使组织增值，其实质是管理铁三角——责任体系、稽查体系、激励体系的细化。

编号为①的部分称为目标体系，也可以称为责任体系。它是围绕着经营目标展开的，通过人资管理和过程管理形成责任体系。里面的支撑是质量管理体系，这是以产品质量持续改进为目标的涵盖公司各部门业务制度的体系。大部分的制造行业是以ISO9001质量管理体系为主，也包括汽车行业的ISO/TS16949管理体系。所有的业务流程、部门管理制度都是以这些体系作为依托。所以，经营目标的基本支撑就是这种以规范和标准作为手段、以持续改进为目的的管理体系。

编号为②的部分是标准化管理体系，在它左边是关于组织增值的模块，主要包括根据公司的战略制定的经营目标设计符合公司发展的管理组织，比如采用什么样的组织架构和如何配置人才等。这个模块分为两个部分，一个部分是激励奋进，另一个部分是能力提升，其核心就是让组织不断增值，具体来说，就是让员工的待遇得到提高，同时让他们的能力得到提升。在它右边是关于流程优化的模块。这个模块是通过具体的业务活动不断优化相关的流程，里面涉及两个部分，对过程的管理以及对结果的管理。

然而，这些都是通过将经营目标根据标准化管理体系的管理要求细化为具体的业务活动实现的。这些细化后的管理活动通过日清管理机制进行反馈，以便于及时做出调整。

编号为③的部分是激励体系，核心还是组织增值。里面分为两条线，一是激励优化，通过激励，让员工不断创新、突破，形成新的标杆、标准和榜样。这个标杆、标准可以成为改善体系中工作标准不断提高的依据。

另一个是组织能力提升。组织架构要不断优化以适应企业的战略发展需要。建立任职资格管理制度，加上其他的人力资源管理活动不断提升整个组织

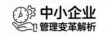

的能力。这样就形成了一个以人和事循环驱动提升的管理体系。

编号为④的部分是稽查体系,也是过程管理体系,核心是改善,重点是不断让过程更加规范、结果更加标准。这里面的规范和标准都是动态的,是不断完善的。过程管理是对目标完成的过程全流程的管理,涉及标准规范以及检查稽查。通过检查、稽查不断完善过程的规范,提升效率和效果。

以上就是对运营管理体系的阐述。下面用一个流程图(见图2-3)加深一下对这个运营管理体系的理解。

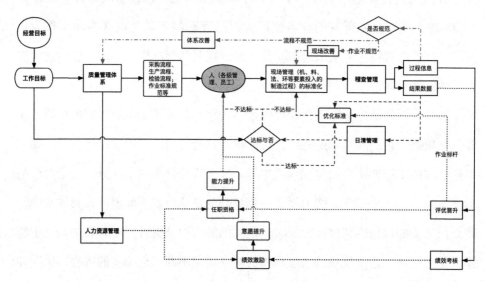

图2-3　运营管理模拟流程图

综合来说,模块之间是有关联的,很多企业或多或少存在一些问题,就是因为运营管理体系不够健全。比如,企业需要有绩效管理,但是绩效管理不能独立存在,而是需要其他模块的支撑,如目标管理、日清管理、过程管理,等等,更重要的是,需要有一套完整的数据系统支撑其实施。

运营管理的短期价值在于经营目标的实现,而其长期价值则体现在构建促进企业持续发展的改善、创新的企业文化。

企业运营管理的分解,如表2-2所示。

表2-2 企业运营管理的分解

管理模块	子模块	部门
战略与目标管理	战略管理	总经办、财务部
	目标管理	总经办、财务部
质量管理体系	ISO9001质量管理体系	运营管理部、质量部及各业务部门
过程管理	稽查管理	运营管理部、质量部、行政部
	差错管理	行政部
	异常管理	运营管理部、质量部
改善管理	异常改善	运营管理部、质量部
	现场改善	行政部、运营管理部、制造部门
	全员改善	运营管理部、行政部
人力资源管理	组织管理	人力资源部
	团队积分管理	人力资源部
	标杆管理	人力资源部

第四节
运营管理实践

一、运营管理部职能

这里需要根据不同企业的不同属性以及不同发展阶段设计运营管理部职能。比如产品类型单一、供应链比较简单的企业可以让运营管理部履行计划职能；产品种类繁多、物料繁多以及产品线复杂的企业应该让供应链部门或者成立单独的物控部、采购部和计划部履行计划职能，又或者在企业初创阶段可以让运营管理部履行计划职能，企业步入成熟阶段再细分出来。

运营管理部的领导可以是总经理也可以是首席运营官（chief operating officer, COO）。任职者必须既懂经营也懂管理，必须既懂市场需求也懂供应链，既熟悉体系流程又能洞察现场问题。同时，需要具备良好的沟通能力，作出的决策能让人信服。总而言之，企业管理者既要仰望星空也要低头走路。

下面是三个不同类型的企业的运营管理部职能，如图2-4、2-5、2-6所示。

企业规模较小、企业工作人员在200人以内或者企业处于变革初期时，运营管理部的职能可以简单一些，其中的协调统筹和数据中心都围绕着目标实现开展工作。企业规模较小或处于变革初期时，应该首先聚焦于目标实现，再慢慢拓展到稽查管理和改善管理。

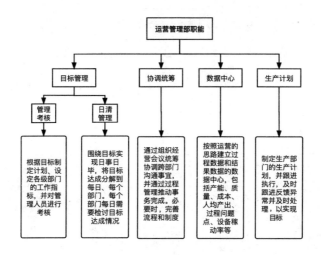

图2-4　运营管理部职能(a)

当企业变革到了一定的阶段，则需要增加稽查管理的职能，负责企业内部一级稽查工作，以推动企业稽查体系的形成，最终完善企业的过程管理体系。

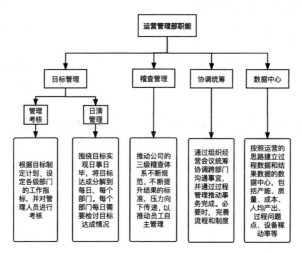

图2-5　运营管理部职能（ b ）

当企业到了变革后期或者企业规模达到一定程度时，运营管理部的职能就需要完善。企业需要增加管理体系的职能以优化流程、实现标准化；需要增加改善管理的职能以推动企业各个层面的改善工作。这里可以设置 IE 工程师岗位，对行业里先进的工艺做调研并推动其在企业内部的应用。

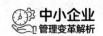

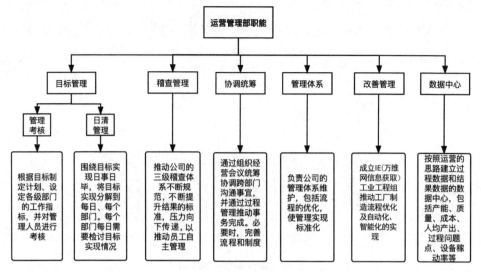

图2-6　运营管理部职能(c)

二、运营管理部的工作模块

负责推动公司经营目标的实现，包含目标的分解、部门的考核、经营分析检讨等，主要通过日清管理的要求倒逼管理者对每日目标是否完成做检讨，以及制定各部门的关键绩效指标。

负责公司的数据管理，包括过程数据以及结果数据模块的建立，开展数据收集、整理、分析等工作。

负责公司产品按时交付，包含订单计划完成，异常的处理，协调统筹等。

负责推动公司管理体系的建立和完善，定期审核公司管理制度。

负责统筹协调阻碍经营目标实现的事项，避免各自为政。一方面是在监督，另一方面是在服务。换句话说，是帮助各部门完成工作目标，各部门难以达成一致的事情都可以找运营管理部协调。

负责推动公司稽查体系的构建，通过稽查推动各部门自检自查，落实各项规范，不断提升执行结果的标准，不断优化各项工作，最终实现员工的自主管理。

　　负责推动公司的改善管理，围绕现场改善、异常改善以及全员改善三个方面推动改善制度建立及改善文化形成。

　　运营管理部的职能是比较强大的，但是并不一定需要很多人，很多职能都可以合并到一个岗位上。一般2～5个人就可以，但是需要他们都是精兵强将。只有这样，才能将部门的各项职能履行到位。

第三章
目标管理

企业运营管理的过程与自动控制原理是非常相似的。笔者是工科毕业的，在学习管理理论的过程中对原理进行了思考。举一个水位自动控制的经典例子，如图3-1所示。

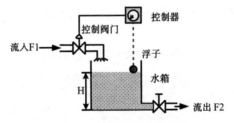

图 3-1　水位自动控制示意图

对应的自动控制方框图，如图3-2所示。

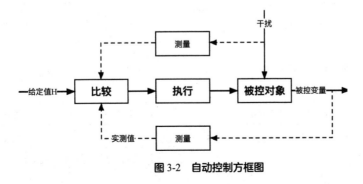

图 3-2　自动控制方框图

从方框图中可以看出，这是一个经典的闭环控制系统，对应到管理学中：

● 给定值就是管理目标；

● 被控对象就是管理对象；

● 测量就是检查、评估、反馈；

● 比较就是找出实际与目标的偏差；

● 执行就是根据偏差调整，这里就是指各类管理活动。

管理如果无法闭环必然会失控。基础的自动控制原理衍生出来一些干扰项多且复杂系统对应的控制原理，如模糊控制原理、预测控制原理、神经网络控制原理等。这些系统中解决问题的方法很多可以用在管理工作中。当然，以上想表达的核心就是任何一个控制系统都需要以目标作为基本的输入要素，运营管理也一样。

我国从1953年开始制定第一个"五年计划"。从"十一五"起，"五年计划"改为"五年规划"。"五年规划"主要是对国家重大建设项目、生产力分布和国民经济重要比例关系等作出规划，为国民经济发展远景规定目标和方向。"十四五"时期经济社会发展主要指标，如表3-1所示。

表3-1 "十四五"时期经济社会发展主要指标

"十四五"时期经济社会发展主要指标					
类别	指标	2020年	2025年	年均/累计	属性
经济发展	1. 国内生产总值（GDP）增长（%）	2.3	—	保持在合理区间、各年度视情况提出	预期性
	2. 全员劳动生产率增长（%）	2.5	—	高于GDP增长	预期性
	3. 常住人口城镇化率（%）	60.6*	65	—	预期性
创新驱动	4. 全社会研发经费投入增长（%）	—	—	＞7、力争投入强度高于"十三五"时期实际	预期性
	5. 每万人口高价值发明专利拥有量（件）	6.3	12	—	预期性
	6. 数字经济核心产业增加值占GDP比重（%）	7.8	10	—	预期性

类别	指标	2020年	2025年	年均／累计	属性
民生福祉	7. 居民人均可支配收入增长（%）	2.1	—	与GDP增长基本同步	预期性
	8. 城镇调查失业率（%）	5.2	—	＜5.5	预期性
	9. 劳动年龄人口平均受教育年限（年）	10.8	11.3	—	约束性
	10. 每千人口拥有执业（助理）医师数（人）	2.9	3.2	—	预期性
	11. 基本养老保险参保率（%）	91	95	—	预期性
	12. 每千人口拥有3岁以下婴幼儿托位数（个）	1.8	4.5	—	预期性
	13. 人均预期寿命（岁）	77.3*	—	〔1〕	预期性
绿色生态	14. 单位GDP能源消耗降低（%）	—	—	〔13.5〕	约束性
	15. 单位GDP二氧化碳排放降低（%）	—	—	〔18〕	约束性
	16. 地级及以上城市空气质量优良天数比率（%）	87	87.5	—	约束性
	17. 地表水达到或好于Ⅲ类水体比例（%）	83.4	85	—	约束性
	18. 森林覆盖率（%）	23.2*	24.1	—	约束性
安全保障	19. 粮食综合生产能力（亿吨）	—	＞6.5	—	约束性
	20. 能源综合生产能力（亿吨标准煤）	—	＞46	—	约束性

注：①〔　〕内为5年累计数。②带＊的为2019年数据。③能源综合生产能力指煤炭、石油、天然气、非化石能源生产能力之和。④2020年地级及以上城市空气质量优良天数比率和地表水达到或好于Ⅲ类水体比例指标值受新冠肺炎疫情等因素影响，明显高于正常年份。⑤2020年全员劳动生产率增长2.5%为预计数。

一个国家面对国际、国内复杂的形势尚且能制定如此清晰的目标，企业的管理者也应该明确企业的目标。企业的管理者一般从四个维度考虑企业的发展，如图3-3所示。

● 战略规划：明确企业的发展方向、经营范围，制定企业五年、十年，甚至更长时间的经营战略规划。

● 资源整合：企业的管理者需要思考如何为企业赋能，如何整合各种资源促进企业发展。

● 系统构建：构建一个能不断优化的经营管理体系。

● 管理执行：企业构建以经营目标为核心的运营管理体系，即经营目标完成体系。在目标完成的过程中，不断优化管理体系，打造符合企业发展要求的企业文化。

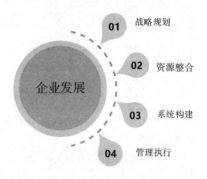

图 3-3　企业发展的维度

目标管理是现代管理学之父彼得·德鲁克（Peter Drucker）1954年在其著作《管理实践》一书中最先提出的。德鲁克认为，并不是有了工作才有目标，而是相反，有了目标才能确定每个人的工作。所以，企业的使命和任务必须转化为目标。如果一个领域没有目标，那么这个领域的工作必然被忽视。

其实，目标管理的意义在于明确企业或者组织的方向以及要实现的目标。通俗来说，就是明确管理人员及员工的责任。要让员工负责必须赋予他责任，而责任的前提就是目标。企业经营管理者都会强调三个字"责、权、利"。责任是一切的基础，目标管理的核心价值就是打通责、权、利三者的联系，一切都是围绕实现目标展开的。

目标管理是一个过程，包括如何制定目标，如何分解目标。目标层层分解就是将责任层层分解。

目标管理是绩效管理与运营管理的基础，没有目标管理的绩效管理及运营管理其实都是"假把式"。

第二节
明确企业目标

　　企业应该以什么为目标？很多管理者每月很辛苦地设立一些目标，带领团队努力工作最后结果却是公司还是亏损状态。其实，很多时候是管理者不懂经营，只是按照经验追求一些工作指标。但是，工作指标往往是间接指标，如果管理者完全凭借经验而没有面向市场竞争的思路的话，就容易沉浸在自己的世界里。

　　企业的管理者要懂得一定的财务知识，企业的成功是以财务成功作为第一要务的。企业以什么为目标归根结底要从投资者的角度去思考。如果企业长期不能盈利，就没有人继续投资，也就不存在企业的永续经营。从这个角度说，企业经营的目标应该聚焦财务成功，其他的都是围绕这个目标采取的措施。

　　在明确企业目标以前，需要了解企业所处的发展阶段。所以，管理者要记住一句话：管理是实践，是在动态变化中进行的。

　　企业目标的分解，如图3-4所示。

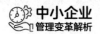

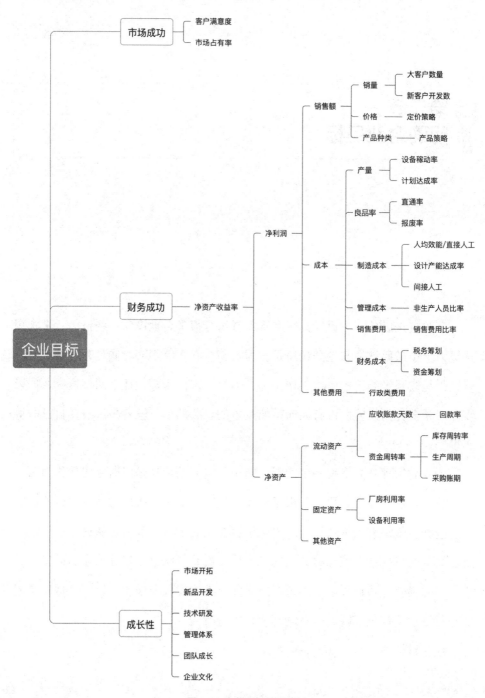

图 3-4　企业目标的分解

从市场成功、财务成功、成长性角度来讲，企业经营核心指标如表3-2所示。

表3-2 企业经营核心指标

目标类型	目标值	备注
市场成功	市场占有率	一般的中小企业管理者不太关心这个数据，但是需要对标行业里优秀的企业
	销售增长率	
财务成功	净资产收益率	可以分解出销售额、成本占比、净资产等目标值，而这些值再分解就是工作目标，对各部门的工作开展有指导性意义
成长性	研发投入	这里只举例了几个目标。这是根据企业的阶段需要来考量的，有些企业的成长性可能不是这些目标。但是放在这里的意思是需要管理者考虑企业成长性，因为它对企业的持续经营有重大意义
	新品开发	
	新市场开拓	

将企业经营核心指标梳理出来以后，就是如何设定目标了。下面介绍三种方法：

一、对标法

找行业内不同类型的企业进行对标，将其作为参考模板。如果行业内有上市公司，那么此类数据是很好找的；如果行业内没有上市公司，那么通过行业的协会或者朋友做一些信息收集工作也是可以拿到数据的。知己知彼是管理者确定企业目标的基础。

通过对标法大致锚定目标范围，再采用投资回报法确认目标的合理性。

二、分阶段设定法

分阶段设定法，即根据企业发展的阶段，拟定目标范围。在企业的培育期，管理者需要考虑的是生产线的规划、团队的构建等。在企业的成长期，管理者需要重点关注经营性指标。在企业的成熟期，随着业务量达到峰值、人工成本增加、设备数量稳定，管理者需要将利润率作为重点关注的指标。通过管理降本增效是该阶段的重要任务。在企业的衰败期，随着竞争压力的增加，利润越来越少，竞争越来越激烈。因此在此阶段，企业面临的压力越来越大，很多企业面临资金链断裂的风险。所以，该阶段资金的稳定是管理者重要的关注目标。

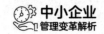

三、投资回报法

投资回报率也称净资产收益率，是净利润与股东权益的百分比，是企业税后利润除以净资产得到的百分比率。该指标反映股东的收益水平，用以衡量运用自有资本的效率。该指标值越高，说明投资带来的收益越大。该指标体现了企业自有资本获得净收益的能力。一般来说，投资回报的年收益要达到10%。

此外，如果非培育期企业每年的营收增长不能高于GDP的增长，那是非常糟糕的一件事情。下面举一个例子，如表3-3所示，其中需要说明的是目标可以由管理者设定。

表3-3　企业经营目标（一级目标）

经营目标	2020年完成目标	2021年必保目标	2021年挑战目标
销售额	20亿元	22亿元	24亿元
净利润率	15%	18%	20%
客诉率（小于）	5%	3%	2%
新技术研发成功	3项	4项	6项

第三节
经营目标与工作目标

管理者设定好经营目标以后，就需要将其转换为二级项目，也就是工作目标。比如，销售额的完成就需要市场部、销售部、生产部等多个部门共同努力，因此资金周转率就需要转换为销售部的回款率、库存周转率以及坏账率等指标。

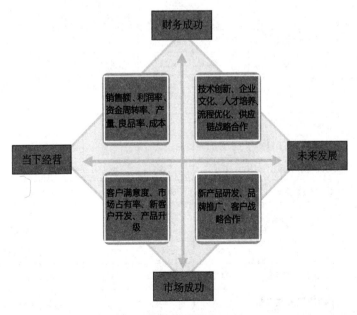

图 3-5　企业工作目标矩阵图

如图3-5所示，围绕市场成功、客户满意以及财务成功、投资者满意，兼顾当下经营与未来发展来分解：

● 当下经营——财务成功

销售额、利润率、资金周转率、产量、良品率、成本等。

● 未来发展——财务成功

技术创新、企业文化、人才培养、流程优化、供应链战略合作等。

● 当下经营——市场成功

客户满意度、市场占有率、新客户开发、产品升级等。

● 未来发展——市场成功

新产品研发、品牌推广、客户战略合作等。

管理者根据企业的发展阶段和特点制定合适的目标。目标并不是越全面越好，而是越适合越好。管理者要根据企业的发展情况确定目标。

企业经营二级目标分解，如表3-4所示。

表3-4　企业经营二级目标分解

经营目标	工作目标	2020年完成目标	2021年必保目标	2021年挑战目标	责任部门	协助部门
销售额	销售额	20亿元	22亿元	24亿元	销售部	生产部
	产量	1亿	1.2亿	1.4亿	生产部	设备部、销售部
利润率	制造成本下降率	8%	8%	10%	生产部	人力资源部、设备部
	采购成本下降率	6%	8%	10%	采购部	技术部、设备部
	工艺成本下降率	3%	3%	5%	技术部	设备部、生产部
	销售费用比例	6%	5%	4%	销售部	行政部
	直通率	95%	96%	97%	生产部	质量部、设备部
资金周转率	库存周转率	65%	70%	75%	运营管理部	物控部、质量部、采购部
	回款率	85%	88%	92%	销售部	法务部
客户满意	客户满意度	94%	96%	98%	市场部	质量部、生产部
新品开发	新产品开发数量	8	8	10	研发部	销售部、市场部

经营目标	工作目标	2020年完成目标	2021年必保目标	2021年挑战目标	责任部门	协助部门
新技术研发	新技术研发数量	5	5	8	研发部	销售部、市场部
发展与支持	企业文化推广	这些可不设具体的数值，而是设定明确的事务，以项目的形式推进管理			行政部	所有部门
	信息化推动				运营管理部	所有部门

部门经理根据公司经营目标分解后的工作目标确定部门的三级目标。部门经理对公司的二级工作目标进行内部讨论，将实现该目标所需要的三级目标数据整理出来，倒推所需要设定的目标值。

笔者接触过一家企业，该企业一年的产值近40亿元，但净利润率只有不到3%。这与行业属性有一定关系，与企业管理也有很大关系。企业经营指标，如年销售额、利润额，主要是由管理者制定的。大部分管理者根据各自的经验制定目标，这就导致实现目标的压力无法向下传递到工程技术人员以及班长身上。部门的管理者没有压力，就不会主动优化管理。

财务部每年会将企业去年的管理费核算后再通过分摊的形式分解到每一个产品的单位工时中，这个分摊的管理费将作为来年销售报价的依据之一。有些销售人员就很"冤枉"，因为项目加工形式不一样，但是需要承担的管理费是一样的。这就导致真正占用公司管理费的项目对外报价有竞争力，但是实际利润很低。为什么不能对每一个项目的制造成本和管理成本做精细的统计核算呢？因为做不到，这就导致管理的压力不能均衡传递，也就很难做到精细化管理。

所以，笔者建议成立运营管理部，负责构建公司的目标管理体系，根据目标反推构建数据体系。一方面，每一个项目的成本需要独立核算，制造成本和管理费用应根据一定的规则进行分摊。另一方面，每一个项目的制造成本也需要独立核算，每一个项目的产线布局、人员配置、单位时间产出需要工程人员与生产部门管理人员一同确认。建好模型之后，就可以得出每一个项目的理论成本。

运营管理部根据每天的数据发现前一天生产过程中出现的问题和出现问题

的产品线，因为目标已经分解到每一条产品线上。这样产品线的管理人员就会思考如何管理、如何优化、如何协调，以提高效率。

因此，企业的管理者能将目标分解到什么程度将决定这个企业管理者的精细化管理能力。所以，每个员工都有目标是精细化管理的基础。

工作分解结构（work breakdown structure, WBS）是目标分解的一个工具。WBS 是把项目工作按阶段可交付成果分解成较小的、更易于管理的组成部分，主要用于项目管理。WBS 是制订进度计划、风险管理计划和采购计划等的重要工具。

WBS 的分解原则：

● 将主体目标按框架分解，主要采用树状结构进行分解。

● 对每个次目标再分解，直到不能细分为止。

WBS 分解后的标准：

● 分解出框架后，需要明确分解的任务完成的标准，使之可衡量。

● 分解后的结构应清晰，从树根到树叶，一目了然，尽量避免盘根错节。

● 逻辑上形成一个大的活动，集成所有的关键因素，包含临时的里程碑和监控点，所有活动全部定义清楚，要细化到人、时间和资金投入。

MECE（mutually exclusive collectively exhaustive）——相互独立，完全穷尽，即强调对于一个重大的议题，不仅能够做到不重叠、不遗漏地分类，而且能够借此有效把握问题的核心，找到解决问题的方法。

它是麦肯锡的第一位女咨询顾问巴巴拉·明托（Barbara Minto）在金字塔原理中提出的一个很重要的原则。

所谓的不遗漏、不重叠指在将某个整体（无论是客观存在的还是概念性的整体）划分为不同的部分时，必须保证划分后的各部分符合以下要求：

● 各部分之间相互独立（mutually exclusive）；

● 所有部分完全穷尽（collectively exhaustive）。

"相互独立"意味着问题的细分是在同一维度上并有明确区分，是不可重叠的；"完全穷尽"则意味着全面、周密。

第四节
目标的确立与分解

经营目标转换成工作目标的过程就是梳理工作重点的过程。经营目标分解中多次重复出现的工作目标是重要的工作指标，需要企业的经营管理者和团队成员一起梳理，让团队成员参与进来，一起制订经营计划。目标的确立与分解有以下好处：

一、统一思想

团队成员需要认识到经营目标的重要性，所有的经营管理工作都是围绕经营目标展开的。根据经营目标分解下来的工作目标是管理者需要努力的方向。

二、减少分歧

目标的分解涉及很多跨部门的指标，比如，生产部的产量完成率需要采购部和计划部以及质量部等的配合。每一个指标可能会涉及其他部门，所以被考核的部门会对其他部门提出指标考核的需求，这也是寻求资源的最好方式。这个过程本身就是一次明确职责的过程。

三、团队参与

因为是团队制定的目标，所以每个部门的管理者都亲自参与、亲自讨论，自己制定的目标实施起来自然比上级直接指派的任务完成意愿更强烈。与此同时，他们也知道如何在部门内部再做目标分解。

四、系统规划

通过目标分解讨论可以做系统规划，当目标分解到好几级以后，管理者依然知道这些三级甚至四级的目标跟哪些经营目标相关联。同时，在目标分解讨论的过程中，还能梳理目标实现的策略。

第五节
目标的设定

目标的设定是一项弹性很大的工作。运营管理的目的之一就是实现企业经营目标，同时建立管理体系。目标管理以及绩效管理的目的是激励团队尽可能创造更好的业绩。具体目标值的设定要遵循 SMART 原则。

——S 代表具体化（specific），指目标要切中特定的工作指标，不能笼统；

——M 代表可度量（measurable），指目标是数量化或者行为化的，验证这些目标完成的数据或者信息是可以获得的；

——A 代表可实现（attainable），指在付出努力的情况下可以实现目标，避免设立过大或过小的目标；

——R 代表相关性（relevant），指设定的目标是与本职工作相关联的；

——T 代表有时限（time-limited），注重完成任务的特定期限。

这里重点讲一下具体化和可度量。有的企业有时候会设定一个目标——提升服务意识。但这只能称为目的，而不是目标。如果是目标，则应该设定为客户满意度大于99%，或者客户投诉率小于1%。

再如，"加强员工培训"就是不可度量的，应该改成员工人均培训学时大于20小时/年或者培训场次大于100场/年，以及考核平均分大于85分。这样的目标才是可度量的。

下面介绍目标设定的方法：

一、经营目标递推法

通过经营目标递推一级工作目标，再从一级工作目标递推二级工作目标，依次往下。

例如，销售额10亿元，平均单价100元，年度产量需要1 000万套。由毛利润率20%，可推算出成本低于80元，还可推算出制造成本以及良品率的具体目标值。

二、行业参考法

根据行业协议以及收集同行的相关信息，与经营目标进行推演比对，制定相关工作目标值。

三、历史数据递增法

根据企业的历史数据看各项指标的发展趋势是不断上升还是在某一个范围内，根据经营目标递推的结果看是否在该范围内。如果在，则取一个上限值，如果不在，则需要确定是低于历史区间的下限还是超过上限。如果低于下限值，那证明经营目标值制定得太低；如果超过上限值，那证明经营目标值设定得有点高；如果差距不大，那证明设定的经营目标值符合企业发展情况，可以由经营目标递推出工作目标。

四、指标动态调整法

在历史数据样本量不够大的情况下可采用指标动态调整法。尤其对于在上升期的企业来说，这种方法可以很好地激励团队突破新高。

以良品率为例，目前的指标设定是90%，根据经营目标递推法必须达到95%，而且有部分企业是可以达到该指标的。但是，被考核的管理者明确知道

95%是不可能短期做到的，于是，可以设计三个指标等级，对应不同的绩效基数，如表3-5所示。

表3-5 良品率及其对应绩效基数

良品率	绩效基数
90%	1 000
93%	1 500
95%	3 000

连续三个月高于某一阶段的指标则自动调整为新一阶段的指标。良品率高于95%以后，每月的新指标为前三个月平均值上调10%，同时绩效基数上调20%。一旦良品率低于95%，则不再上调每月指标，绩效基数恢复到对应的该阶段的基数。

第六节
目标梳理与计划执行

目标制定好以后，需要对实现目标的策略进行研究并制订实施计划。把目标和实施计划放在一起就形成公司或者部门的年度工作目标实施规划表。

公司年度工作目标实施规划表应由总经理或者COO来制定，并告知公司的中高层管理干部，以形成一致的行动方向。

对于制作目标实施规划表，笔者推荐使用GSP，即目标（goals）、策略（strategies）及计划（plans）。

目标指的是该部门影响上级目标实现的核心目标。部门工作的框架一般是从上一级工作策略分级而来的。它需要具体的、可以衡量的目标。目标能量化的需要量化，不能量化的需要定性。

策略是围绕目标实现而梳理出的方向。策略也需要能量化和定性。

计划则是围绕策略而制订的实施计划，即行动计划。

部门目标和实施计划确定后，需要部门经理对实施计划中的次一级目标做内部讨论，并将其分解为可执行的措施，具体可参考表3-6。

表3-6　生产部工作目标实现规划

目标（goals）		策略（strategies）	实施计划（plans）	责任人	Q1	Q2	Q3	Q4
核心目标	目标值							
产量	1 000万 PCS	生产设备完好率 ＞90%	1. 设备维修及时率达到95%					
			2. 设备保养计划未执行次数＜1次/月					
			3. 设备保养及日常稽查					
		单机效率提升15%	优化设备工艺，寻找各参数最佳值					
直通率	＞95%	前段良品率达到99%	1. 首件检验必须由组长确认					
			2. 温湿度控制设备升级，保证环境稳定					
			3. 对作业员实施非线性激励措施					
		中段良品率达到98%	……					
		后段良品率达到96%	……					
制造成本	＜1.5元	人均产量大于1 000 PCS	……					
		单位水电气成本＜0.5元	……					
		设备配件费＜0.1元	……					
工艺成本	＜5.5元	工艺成本下降10%	……					
平均生产周期	＜10天	将制品控制在不超过两天的量	……					
提案改善	人均4项	……	……					
安全生产	0事故	……	……					

部门目标及实施计划制定好后，需要继续分解到下属部门。以设备部为例，设备部的工作目标就是从生产部的产量完成、良品率以及成本等方面分解而来的。

表3-7 设备部工作目标实现规划

目标（goals）		策略	实施计划	责任人	Q1	Q2	Q3	Q4
核心目标	目标值	（strategies）	（plans）					
生产设备完好率	＞90%	生产设备及时维修率达到95%	1. 所有设备责任到人，准确统计设备故障报修时间到设备恢复时间					
			2. 审核设备保养年度计划并做好设备保养记录					
		易耗配件管理	1. 审核备件计划，统计核心配件的使用寿命					
			2. 设备管理人员确保核心备件的安全，每周通报					
机器故障致损率	＜0.5%	做好设备日常维护	1. 每月对生产员工进行培训，通报当月违规作业情况					
			2. 每天对关键设备关键参数进行记录					
			3. 对设备参数波动采用预警亮灯机制					
外围水电费	＜0.34元/PCS	空压机和除湿机的负荷管理	1. 制订外围设备负荷动态管理计划，根据生产计划以及工艺计划进行动态调节，降低运营成本					
		对外围设备效能进行监控	2. 每周对外围设备的效能数据进行分析监控，并要求对高能耗的设备进行及时维护，对责任人进行考核					
维修成本	＜0.2元/PCS	设备配件管理	1. 对重点配件的更换需要以旧换新，并由高级工程师确认配件状态，能维修的就维修后继续使用					
		设备配件质量管理	2. 对重点配件的质量进行统计分析，对性价比差的供应商，要求采购部进行整改，甚至更换					
提案改善	人均4项	……	……					
安全生产	0事故	……	……					

从表3-6和表3-7中可以看出GSP的上下承接关系。上一级的策略往往是下一级的目标，上一级的计划往往是下一级的策略。当然，承接关系并不是完全对应的。比如，生产部的工作目标中有人均产量大于1 000万PCS，其策略有生产设备完好率大于90%，对应也有实施计划。因此，设备部的工作目标就来自生产部其中一个策略，即生产设备完好率大于90%，其策略则是从生产部的实施计划中延伸而来的。具体表现为图3-6。

图 3-6　GSP 的上下承接关系

以上阐述都是围绕经营目标实现展开的，其中包含经营目标的制定、经营目标的分解、工作目标的分级以及实施计划的制订，大致流程如图3-7所示。

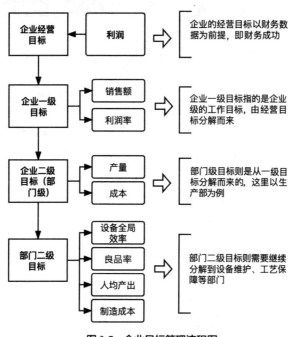

图 3-7　企业目标管理流程图

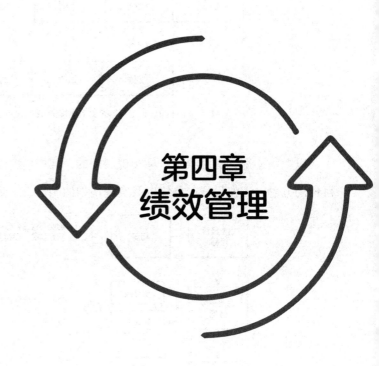

第四章
绩效管理

第一节
管理变革——绩效管理

绩效管理与目标管理是什么关系呢？打一个比方，目标管理相当于一个部队的战略方向及分阶段的战役目标，而绩效管理好比一场场确保目标实现的战斗。结合设定绩效目标的实现情况评价官兵的功绩，并采取相应措施提升他们的战斗力。因此，绩效管理是为目标管理服务的。绩效管理中的绩效目标与目标管理中的工作目标可以一样，也可以不一样。绩效目标围绕工作目标上下浮动，根据所拥有的资源设定"跳一跳，够得着"的目标，激励组织进步，实现企业经营目标。

绩效管理在企业运营体系中是连接"人"与"事"的重要桥梁之一。绩效是指组织、团队或个人在一定的条件和环境下，完成任务的出色程度，是对目标实现程度及效率的衡量与反馈。

影响绩效的因素有以下几点：

● 工作者自身的素质、能力；

● 工作本身的要求，即目标的合理性；

● 为工作者提供的资源；

● 管理机制，如激励机制、检查监督机制等。

因此，在讨论绩效之前需要先检讨组织是否对影响绩效的因素进行了管理。如果没有，那么绩效管理很难做好。一个企业绩效管理的水平可以作为衡量这个企业管理水平的重要依据。

绩效管理是对企业经营目标做规划，并对实现目标的关键要素进行管理，通过持续优化流程、制度，增加经营目标实现的确定性，并在此过程中提升组织成员的能力及素质。

绩效考核是将目标的设定值和实际值进行对比的过程，是绩效管理的一个环节。很多企业管理者天天在讲绩效考核，其实绩效考核本身没有实际意义，过分强调绩效考核，容易将绩效管理本末倒置，使其逐渐变成扣钱、奖励发钱的工具。

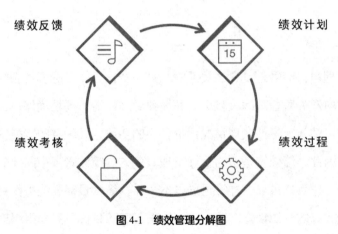

图 4-1　绩效管理分解图

绩效管理是一套从绩效目标的设定开始到执行再到反馈等一系列管理活动形成的一个闭环体系，如图 4-1 所示。其目的是激励组织成员实现组织设定的目标。

绩效考核是绩效管理的一个环节，是对绩效结果进行利益性反馈，如工资的增减、奖罚、评比、表彰等，是将责任和利益落实的一个管理动作。

绩效管理不是人力资源部的事情，人力资源部只是协助完成绩效考核的部门。绩效管理应由运营管理部负责，运营管理部通过目标管理以及绩效管理实现企业经营目标。经营目标和绩效考核的关系如图 4-2 所示，经营目标层层向下分解，绩效考核则是层层向上汇总形成企业经营结果。

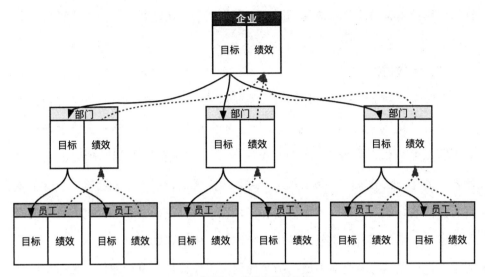

图 4-2 经营目标与绩效考核的关系

所以，在企业中不应该仅仅基层员工需要考核，而是总经理、副总经理、部门经理都需要考核，这样这个体系才能形成，压力一级一级传递、利益一级一级分配的闭环。在一些企业中，很多高级管理者是不背负具体指标的，这是非常不合理的，也是对绩效管理认知的偏差，使它仅仅成了管理员工的工具而不是实现企业经营目标的体系。高级管理者没有明确的目标导致其对下属部门的考核很可能是情绪化的、不持续的。这样下级就可能将精力放在迎合上级的喜好和关注点上，从而影响企业经营目标的实现，使得企业管理风气越来越差。

绩效管理就是将企业经营目标变成每一位员工的工作目标，让企业的利益与员工的利益一致，形成利益共同体，真正做到将经营者想要的结果变成管理者和员工想要的结果的过程。

绩效管理包括以下几个环节：

一、绩效计划

明确绩效目标后，被考核人员需要制定绩效实现的计划、相应的策略和措施。中高层需要制定年度、季度以及月度规划，基层员工需要制订月度以及每

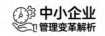
日的工作计划，最终与日清管理制度嵌套形成一个围绕目标执行的反馈体系。

二、绩效过程

上级接收到下级的绩效计划后，需要对其计划的可行性进行评估并提供相应的资源帮助其实现绩效目标。这个过程很重要，一个领导者要善于做重要而不紧急的事情。领导者如果能在每一个周期开始的时候就明确后面的行动计划、清楚面临的风险，那么在这个过程中需要进行的干预就会减少。这主要有两方面的好处：一方面，下级会有存在感；另一方面，领导者也有更多的时间思考和总结。笔者在担任总经理的时候，一般会在每个月的第一周对上个月的工作进行总结，也会对下属的绩效计划（工作计划）进行评估。做完这些之后，自己就有精力做一些外部对接，如了解市场、行业技术以及产业链信息等方面的工作。因为每个月笔者都会仔细看下属的计划，所以也倒逼下属认真对待、仔细思考后再列出行动计划。这个绩效辅导的过程是上下思维对标的过程，前面花的时间比较多，后面就会越高效。

三、绩效考核

将绩效结果和绩效目标进行比对，对比对的结果进行评价或者评分，并将其反映到员工的薪酬待遇上。这个过程是让企业内部产生势能差。这个理念是任正非先生提出的"人力资源水泵"——"用价值分配来撬动价值创造。让劳动者获得更多的价值分配，打破平衡态，把最佳时间、最佳角色、最佳贡献匹配起来，激发奋斗活力。"这样企业才能保持活力。这也是公平和公正的区别，公平强调的是大家都一样，而公正强调的是公开透明、明确规则、自由竞争、优胜劣汰。在公正的企业管理体系下，通过绩效、晋升等方面的差异化带来薪资的有序升降、人才的有序进出，并以此为企业不断增加发展势能。

四、绩效反馈

对下级的绩效结果进行分析，了解绩效目标实现或未实现的原因，实现了要及时嘉奖，未实现要对其提供帮助，甚至在资源上做一些倾斜。

如果连续三个月未能实现目标，则需要分析原因并及时调整目标。对于连续三个月高于目标的，则需要对目标进行调整，使目标更有激励的意义。

总而言之，绩效管理需要和目标管理、过程管理等体系结合在一起才能发挥激励组织实现目标的作用。绩效考核只是其中的一部分，并不是全部。如果实施绩效管理只是为了考核、为了评分、为了惩罚员工，那么企业必然会被绩效考核搞得陷入没有活力、没有突破，相互埋怨、相互指责的怪圈。

绩效管理的意义在于将目标管理、过程管理与人力资源管理相结合，在将目标从上到下逐级分解的同时，将员工的利益与企业的利益绑在一起，形成一个不断优化的体系。

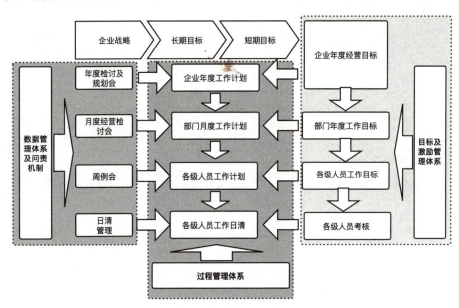

图 4-3　企业绩效管理系统图

图 4-3 是企业绩效管理系统图。目标管理是绩效管理的基础。有的企业可以暂时没有绩效管理，但是不能没有目标管理。绩效管理体系需要有数据系统支撑，而且这个数据系统一定是围绕绩效目标分解后的数据节点进行延伸，构建数据采集、汇总以及分析的系统。很多企业做不好绩效管理的根本原因就是没有及时、准确的数据，而没有及时、准确的数据很可能是对目标的层层分级

理解不到位。

通过检讨会对月度绩效实现情况进行检讨，分析具体原因，找出整改对策。部门负责人要直接将压力一层层传递给每一位员工。将年度目标分解到季度、月度、周以及每日的工作内容，并通过检讨及时调整工作，增加绩效完成的确定性，这也是绩效计划和绩效辅导的部分。检讨问责的最终目的在于标准化以及持续改进，通过比对目标实现在"事"方面的增值。

员工的奖罚、晋升、评比、荣誉都需要与绩效考核的结果相关联，让绩效管理成为员工展现自身价值的平台，真正做到激励员工创造更大的价值，从而实现在"人"方面的增值。

第二节
绩效规划

绩效规划是绩效管理中最重要的部分，它决定绩效管理的整体思路和预期效果，需要管理者深入思考。企业的经营性质、管理难度、所在阶段都会成为影响绩效规划制定的因素。有的企业只制定短期的绩效目标，而没有制定长期目标。这容易导致管理层短视。如何将目标管理中的中长期目标分解为绩效管理中的绩效目标是需要管理者认真思考的。

一、制定绩效目标

前面已经讲过如何将经营目标分解为工作目标。如果对工作目标的分解理解到位的话，那么制定绩效目标就比较容易。

建议以中心、部门、车间、班组为管理单位制定绩效目标。以管理单位为对象制定绩效目标可以保证经营目标的延续性。这个前面章节已经讲过，此处就不再赘述了。

绩效规划分为绩效目标和能力素质考评两类，如图4-4所示。前者可以通过具体的、可量化的公式计算出考核结果，属于算分的类型。规则定好后，最终的结果取决于被考核者而不是考核者。后者是主观的考评，主要基于能力素质模型

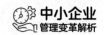
定性评价员工，属于打分的类型。在对部门进行考核的时候，一般采用绩效目标进行考核，对员工的考核可能会加上能力素质考评，视具体情况而定。

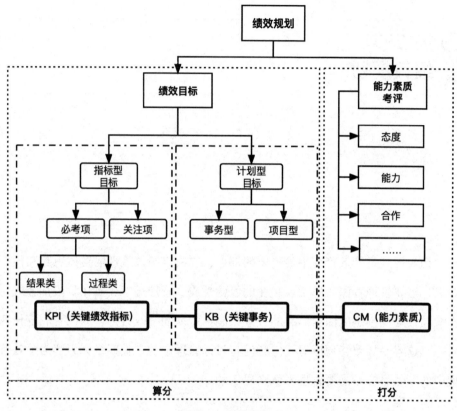

图 4-4　绩效规划

这里将绩效目标分为两类，即指标型目标和计划型目标，如图 4-5 所示。指标型目标就是绩效目标有明确的数据指标，如销售额、产量、成本等。指标型目标中涉及的指标又可以称为关键绩效指标。计划型目标可能是具体的一件工作任务有明确的完成标准，也可能是一个复杂的项目，虽然周期比较长但是也有明确的验收标准。计划型目标中涉及的事务又可以称为关键事务（key business, KB）。其中，事务型目标是指给一个具体的事务设置明确的时间点，将事务完成到什么标准。项目型，顾名思义就是多事务、多线程、强协同，有明确目标的项目，如研发项目、市场开发项目、工程改造项目。设定目标的时候，可以针对关键节点、里程碑等进行效率、效果的考核。

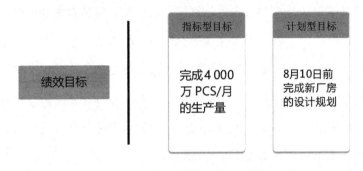

图 4-5　绩效目标

指标型目标又分为必考项与关注项。必考项就是这些绩效目标对部门工作非常重要而且会影响上一级的绩效目标的实现。关注项就是这些绩效目标属于要关注的，部门或个人即使对绩效目标实现的敏感性不大，也要对这类关注项重视起来。比如，质量部将产出指标作为关注项，可能有人会说这不合理，但是其本质上是对质量部的工作重心做一些纠偏，使其不一味追求高标准，而是考虑更高维度（公司层面）的经营结果。这时，产出指标就是需要关注的，该项权重可以放得很小，作为一个提醒项。当然，这也和企业的产品和文化有关。例如，笔者服务过的一家家电行业的龙头企业，质量部只关注产品质量、客户满意度。一旦有风险，生产基地必须停产整顿，至于是否会影响事业部的经营，质量部是不太考虑的。制造单位必须认真解决质量问题而不是协调其他部门妥协。当然，这家龙头企业已经经营几十年了，出现异常的概率很低，即使真的出现也能处理好。所以，还是那句话，管理是实践，是在变化中追求最优解的过程。

必考类又分为结果类和过程类。结果类就是从经营目标分解下来的目标，它们会对经营目标产生影响，一般会转换为 KPI。过程类属于管理过程的一些指标，是对管理趋势的体现，如作业的规范性、现场6S执行的情况、员工参与提案的积极性，这些都会影响结果类目标的实现。

对部门的考核往往比较简单，目标梳理清楚就好。对员工的考核比较复杂，如何激励员工还是需要管理者认真思考的。在制定绩效规划的时候，就需要将考核的维度确定下来。有些企业喜欢用打分的方式考核员工。这也是在特定阶段采用的一种方式。制定绩效规划的时候，要谨遵一个原则，那就是能用目标评价的就不用考评评价，能算分的就不打分。算分就是提前设定规则和公式，将被考核者的各项业绩数据自动代入公式算出绩效结果，这样可以规避考评这种存在人为主观判断带来的不公正问题。

二、确定绩效规划的维度

对人的考核有绩效考核和人才考评两种方式。考核聚焦在指标型和计划型上，考评主要评价员工的素质、能力，这两种考核方式在绩效管理中都会用到。

建立员工绩效模型，包括三个维度：基本素质、过程执行以及结果实现。

● 基于素质能力的考评；

● 基于行为过程的绩效考核；

● 基于结果价值的绩效考核。

在评价一个员工时一般会重点关注其态度和能力，态度好、能力强的员工就是好员工，但是态度和能力没法定量甚至很难定性。所以，在绩效管理中应该做到以下五点：

● 能量化的要量化；

● 不能量化的要按流程细化；

● 用对过程的考核评价态度；

● 用对结果的考核评价能力；

● 即使考评也要细化分级。

表4-1 绩效考核三维度

项目	企业阶段			部门性质（成熟期）			岗位等级（成熟期）		
	初创期	成熟期	衰退期	研发部门	制造部门	销售部门	高层	中层	基层
素质能力（考评型）	50%	10%	10%	10%	10%	10%	0～10%	10%	30%
关键事务（计划型）	40%	20%	60%	60%	20%	30%	20%～40%	20%	50%
关键绩效指标（指标型）	10%	70%	30%	20%	70%	60%	60%～80%	70%	20%

如表4-1所示，在企业初创期，没有完善的管理体系可以对过程和数据进行管理，所以绩效考核以评价为主，对人员的素质、能力进行评价。这个阶段不需要太多标准，需要的是管理人员相对公正地对待每一位员工并通过此类评价筛选出适合企业发展的员工。与此同时，关键事务就是相关的事务管理，在企业初创期有很多事需要去做，如人员招聘、客户洽谈等，以推进企业发展。

企业发展到成熟期后，具备了完善的管理体系，因此对目标结果数据类的考核应该成为重点。此时绩效考核应聚焦在经营结果上，围绕财务目标进行分解，层层传递。

在衰退期或者再创业期，企业需要开拓新的业务、研发新的产品，因此规划性的工作更多，结果类的指标已经比较成熟，该阶段需要的是开辟新的领域。

在成熟期，企业不同部门的绩效规划也不一样。研发类部门属于长期技术开发，核心在于方向是否正确，一旦评审通过后，则以项目进展、里程碑等节点的结果输出为主要考核项。制造部门则以数据结果为主，其直接影响公司经营目标能否实现，因此以指标型考核为主。销售部门与制造部门需要对结果负责，还需要开拓市场、开发客户确保销售额的持续增长。高层需要对经营结果负责，还需要考虑发展问题，因此也需要做一些企业发展的事务性工作。

对不同岗位的基层员工绩效考核也不一样。对生产工人的考核就是看其数据结果和行为过程，而对在服务保障性岗位工作的员工的考核则更多关注的是

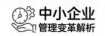
关键例行事务的达成以及素质能力的评价。

这些是一个大致方向，具体设定还需要看企业所处的发展阶段和部门管理的水平。

三、设计绩效考核表

很多企业绩效考核没有效果的一个重要原因就是KPI设计不合理。

目标管理中的"四元法"，即现在经营和未来发展、市场成功和财务成功，主要用于梳理企业的经营发展目标。对具体考核指标的梳理，则需要把维度降低，聚焦在具体的工作目标上，可以采用"多、快、好、省、新"五个维度整理KPI，如表4-2所示。

表4-2 KPI指标分类

项目	具体指标
多	销售额、新品上市数、客户拜访数、产量等
快	交货及时率、资金周转率、资金周转天数等
好	良品率、客户好评率、设备完好率等
省	单位成本、损耗率等
新	技术创新、新项目开拓等

根据这种方式可以将各部门的KPI指标全部整理出来，列成指标库。下面罗列几个供读者参考，如表4-3、4-4、4-5所示。

表4-3 销售部的 KPI

部门	NO.	指标名称	计算公式	目标或标准	数据来源
销售部	1	销售目标完成率	当月结单金额/当月预计结单金额×100%	3 000万/月	运营管理部
	2	应收账款完成率	当月回款金额/当月应收金额×100%	≥80%	财务部
	3	成品库存汇总周转率、周转天数	周转率=本期出货金额/[（当初库存额+期末库存额）/2]×100%	≥60%	财务部
	4	订单交期准确率	（当期出货笔数－当期出货延误笔数）/当期应出货笔数×100%	≥80%	运营管理部

部门	NO.	指标名称	计算公式	目标或标准	数据来源
销售部	5	客户档案完整率	实际客户完整档案数 / 应建客户完整档案数 ×100%	≥98%	运营管理部
	6	报价和样品处理效率	当期已处理客户投诉次数 / 应处理客户投诉次数 ×100%	≥98%	运营管理部
	7	客户满意度综合指数	客户满意度调查	≥80%	运营管理部、质量部
	8	部门违纪次数	人事考勤处罚统计表	≤2次 / 月	人力资源部
	9	部门培训计划完成率	实际完成培训时间 / 计划培训时间 ×100%	≥90%	人力资源部

表4-4 人力资源部的 KPI

部门	NO.	目标	计算公式	目标或标准	数据来源
人力资源部	1	工资发放（人 / 次数）出错率	错误发放工资次数 / 发放的工资次数 ×100% 错误发放的人数 / 发放的总人数 ×100%	≥96%	财务部
	2	员工绩效考核的按时完成率	按时完成的绩效考核数 / 绩效考核总数 ×100%	≥100%	人力资源部、财务部
	3	招聘计划完成率	每月招聘到岗人数 / 计划招聘人数 ×100%	≥90%	运营管理部
	4	人员编制控制率	实际人数 / 计划编制人数 ×100%	≥90%	运营管理部
	5	员工培训完成率	按时完成的培训数量 / 培训计划总量 ×100%	≥100%	运营管理部、人力资源部
	6	员工流失率	每月离职人数 / 平均人数 ×100%	≤10%	人力资源部
	7	招聘及时率	特殊岗位招聘实际时间 / 计划招聘时间 ×100%	≥70%	人力资源部
	8	人事档案归档率	已归档的人事档案 / 应归档的人事档案 ×100%	≥100%	人力资源部
	9	安全事故发生次数	安全事故次数	≤0次 / 月	行政部
	10	行政后勤投诉次数	投诉次数	≤2次 / 月	运营管理部

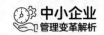

表4-5 生产部的KPI

部门	NO.	目标	计算公式	目标或标准	数据来源
生产部	1	产量完成率	实际入库良品数 / 计划数 ×100%	≥95%	物控部、运营管理部
	2	生产直通率	1-（月不良品数 ÷ 月产量）×100%	≥96%	质量部、运营管理部
	3	单位成本	月投入总成本 / 总入库数 ×100%	≤1.5元/pcs	财务部、运营管理部
	4	生产效率	实际完成产值 / 计划完成产值 ×100% 或者生产效率＝∑ 产成品核定工时 ÷ ∑ 产成品投入工时 ×100%	≥95%	生产部、运营管理部
	5	工时完成率	实际完成总工时 / 计划完成工时 ×100%	≥98%	计划部、运营管理部
	6	OQC 检验合格率	当期检验合格批次 / 当期检验批次 ×100%	≥95%	质量部
	7	订单按时完成率（入库）	当期按时入库批次 / 当期应交批次 ×100%	≥95%	物控部、运营管理部
	8	安全事故发生次数	安全事故发生次数	≤0起	行政部
	9	培训计划实施完成率	实际培训工时 / 计划培训工时 ×100%	≥98%	人力资源部
	10	人均问题点数	（IPQC 问题点数 +6S 问题点数 + 稽查问题点数）/ 总人数	≤0.3	质量部、行政部、运营管理部

上表只是将部门涉及"多、快、好、省、新"五个维度的指标罗列出来。因企业管理的颗粒度或者精细程度不同，有的企业指标库会列出非常多的指标，有的则较少。这取决于企业自身的状态，并不是指标越多越好、越全越好，而是要符合企业当下经营管理的重点。绩效管理本身就是起到引导、聚焦管理者调整管理人员工作重点和方向作用的。

至于选择哪些指标作为考核指标，权重多少取决于该部门的工作状态。考核指标的确立应以将部门的精力聚焦在最需要突破的领域为目标。由运营管理部负责指标的管理，分析每个季度分析经营目标实现情况与绩效目标实现情况的一致性。被考核的部门每周、每月、每季度都需要检讨绩效目标实现的情况并作出分析。面对以下两种情况，被考核部门可向运营管理部申请调整指标：一是对那些长期能超额实现，失去激励作用的指标，被考核部门向运营管理部提出调整申请，同时比较绩效成绩与经营目标是否匹配，是否出现部门绩效高分，但是经营目标没有完成的情况。相反的情况同样也需要检讨。二是有些指标不合理导致被考核部门难以完成，部门绩效分数与工作目标完成情况背离，这样被考核部门也应该向运营管理部提出调整申请。绩效分数与经营目标实现的关系，如图4-6所示。

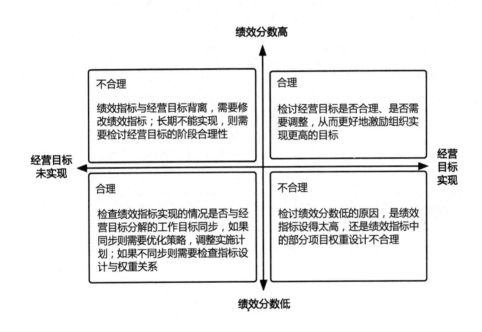

图 4-6 绩效分数与经营目标实现的关系

绩效管理工作由运营管理部统筹，这样既能帮助企业实现经营目标又能激励各部门突破奋进，使其朝一个目标奋斗。

指标选择好之后就要设计绩效考核表，涉及指标考核的具体操作，包括指标、目标、权重、公式、评分标准、数据来源以及统计方法。

表4-6　部门绩效考核样表

序号	考核项目	必保目标 90分	挑战目标 100分	权重	评分标准	计算公式	数据来源	统计方法	实际完成	得分
1	产量目标	339万片	343.8万片	20%	每项达到必保值为90分，必保值和挑战值之间得分也同比例增长；挑战值为100分，超出挑战值三倍加分，最高封顶120分。低于必保值，五倍扣分	入库片数（A+B）	运营管理部	硅片入库报表		
2	人均出片数	6.5万	7.0万	15%		出片总数 / 总人数	运营管理部	经管简报		
3	A品率	93.1%	93.5%	20%		A品总数 / 总理论出片数	质量部	质量报表		
4	单片成本	1.04	0.97	30%		总制造成本 / 总入库片数	运营管理部 / 财务部	成本报表		
5	人均问题点个数	0.5	0.3	15%		被稽查处问题点数 / 总人数	行政部 / 质量部 / 运营管理部	《6S汇总表》、IPQC问题点、稽查问题点		
6	加分项	内部研发项目在客户端验证效率有提升，并具备批量生产的条件，可按照情况加5～20分，具体根据技术创新报告评分								

在表4-6中，将目标分为必保目标和挑战目标，每项必保值为90分，必保值和挑战值之间得分也同比例增长；超出挑战值则三倍加分，最高封顶120分；低于必保值，五倍扣分。这样做的好处就是提高奖惩的敏感性，起到更好的激励效果。

如果有些指标波动比较小，那么可以考虑设计负向指标，如不良品率、报废率。这个相对于良品率来说敏感性就大很多。总之，设计的指标是为了让被考核者形成聚焦，让其通过自身努力不断改进，最终实现该指标。

在"目标管理"一章中讲到如何做公司级、部门级的目标梳理。对于职能部门具体岗位的考核，很多公司不知道该怎么做，往往最终就变成可考评性质，打分解决问题。在企业成熟的情况下，可以采用岗位工作标准法，即你希望他做哪些工作、做到什么程度，并将其工作进行分解。以运营管理部的事务专员为例，其岗位属于非典型性岗位，其职能一般因每个企业甚至每个领导的侧重点不同而会有不同的工作内容。假定其核心工作如下：

（1）部门级绩效管理，涉及相关数据的采集、统计、分析，得出结论；

（2）各类事务的执行管理工作；

（3）会议的组织工作；

（4）文件的整理归档工作。

所以，其考核表就如表4-7所示。

表4-7　事务专员绩效考核样表

序号	考核项目	指标名称	指标说明	权重	考核依据	考核标准
1	各部门月度考核数据	考核数据收集的完整率	1. 按考核指标中涉及的考核项目及表单与部门沟通进行数据记录存档； 2. 每周二检查、提取考核数据	10%	涉及部门考核的相关表单、清单	数据漏收集或未执行周检查致使考核依据不足，1项扣除20分
2		月度考核数据整理的准确率	1. 对各部门考核数据进行分析，整理成《各部门月度绩效考核表》； 2. 将绩效考核与各部门经理核对，确认结果，提报审核	20%	《各部门月度绩效考核表》	月度考核结果由于工作失误或数据提取不正确造成不符，1次扣30分
3	事务工作跟进	事务工作跟进的及时性	1. 对重要任务及时跟踪并反馈跟踪进度，监督责任部门按时完成任务； 2. 及时抽查其他任务进度及结果	10%	与部门核对《事务任务责任书》《会议事务跟进表》《异常改善流程单》	漏记录1项扣20分；应完成项目在规定时间责任部门未完成且未追查的项，1次扣20分
		事务工作执行结果跟进的准确性	对任务完成结果、完成进度进行准确无误的核实	10%	《任务跟进汇总表》《异常单汇总表》《会议事务跟进表》	出现汇总表已完成但任务发出部门/人反馈说未经查证错误的项，1次扣20分

序号	考核项目	指标名称	指标说明	权重	考核依据	考核标准
4	事务工作整理汇总	事务工作整理的及时性	1. 对稽查或反馈上来的任务及时登记备案，每周五16：00前发出本周跟进的结果，进行阶段审核，每周一9：30将《任务汇总表》发至上司审核后，给行政部在周会上通报用； 2. 及时将重要事务反馈给领导	10%	《任务汇总表》	在时间要求范围内未发出，1次扣10分
		事务工作月度整理汇总结果的准确性	1. 事务完成情况依据准确； 2. 任务整理汇总数据准确，每月5号前把《汇总绩效表》提交给相关人签字确认，交行政部	15%	《任务汇总表》	出现1次数据不符或结果与事实不符的错误，1次扣20分，《月度任务汇总表》出现错误，1次扣20分
5	会议组织	会议准备工作	1. 会议签到表（应参会人员、实参会人员，未出席有正当原因且向主持人请假）； 2. 会场准备（投影、办公室卫生、座椅）	5%	《会议签到表》	因通知不到位导致应出席的人员未出席，1次扣20分；因准备设施未达到要求导致会议延时，1次扣20分
		会议纪要	1. 会议纪要与事务跟进须24 h内整理出来提报审核； 2. 审核后，会议纪要在4 h内抄送参会人员并归档； 3. 其他事项的整理	5%	《会议纪要》《会议事务跟进表》	会议纪要与资料整理在规定时间内延误未发且无提前申请的，1次扣10分
		制度、决议、决定等文件的起草、发布	1. 通知； 2. 听证会裁决书	5%	发出文件清单	未按要求执行文件拟制发放任务，1次扣20分
6	文件整理、呈送、归档	文件呈送及时率	1. 文件分类呈送至相关部门并签字回执； 2. 及时交领导阅批并转交有关部门处理	10%	《资料签发登记表》	有错漏或超过2 h未发出，1次扣10分

　　对非生产部门的员工考核分为事务型员工考核和创新型员工考核两类。

事务型的员工考核表可以参考表4-7，因为不需要事务型的员工创造多大的价值，只需要把要做的事完成即可。而对于创新型员工的考核，笔者建议以OKR为主、以KPI为辅，更多的是通过非物质方式来进行。

对员工的KPI选择可能失效的有以下几种情况：

（1）过分关注行为过程，而忽略结果，把手段当目标。比如，有的公司会考核面试的人数或者招聘的人数，而忽略了招聘的目的是解决用人部门的人员缺口问题。因此，应该考核的是招聘岗位新员工试用期合格人数/需求数。

（2）频繁调整考核目标。比如，设定产量目标为1 500万/月，当部门努力达到1 800万/月时，目标就被修改到1 800万/月，同时绩效基数也没有调整，这是很伤士气的。有可能下个月部门就朝着1 500万/月去做了。

某些无法量化的岗位可能会涉及能力素质考评，如表4-8所示。笔者建议将项目分级定性，这样不仅能够避免主观误判，还能给被考评者以方向和标准。

表4-8　能力素质考评参考表

考核项目	优秀（90～100分）	良好（80～90分）	中等（70～80分）	较差（70分以下）
责任心	以提升团队为己任，主动承担责任，并带动周围同事	对待工作认真负责，领导交办的任务坚决执行，全力以赴，高效完成	团队意识淡薄，只完成本职工作，不愿承担责任	需要在上级的指示、监督下完成工作
学习能力	通过自己的学习、实践提升工作效果并提炼方法带领团队共同成长	有提升自己的意识，且长期坚持，对工作有实际提升效果	有提升自己的意识，但无法坚持，对工作无实际提升效果	安于现状，抵制学习
价值能力	能从本职工作出发，以更好地为企业提供价值	可独立完成本职工作，且能主动思考、优化工作方式以更好地完成本职工作	可独立完成本职工作，且无意愿主动优化工作方式	能根据上级安排，完成本职工作，但常有延期、错漏等低效结果
反思力	以自我反思为出发点，继而发现团队成员的问题，并有效帮助他人	可对自身问题进行反思、复盘，并在后续工作中有效改善	遇事有反思意愿，但无法持之以恒	无法就事论事，且习惯推诿，也无成长诉求

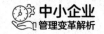
四、测算整体绩效结果

当绩效规划工作框架基本完成后，还需要做好模拟测算。这是财务部和人力资源部的工作，可由运营管理部统筹，财务部、人力资源部协助。最简单的方法就是对经营目标实现的情况做推演，并将收益的一定比例拿出来作为奖励，奖励的分配原则可根据部门人数以及部门贡献做参考。

绩效结果测算是一项重要的工作，但是很多公司并不重视。离开经营谈管理，管理得再漂亮，经营没有好的结果都是枉然。在没有历史数据前，企业应该先试行几个月，切勿盲目。

第三节
绩效计划

根据绩效规划，被考核人员需要制订实现绩效的计划，这个计划有年度计划、季度计划、月度计划、周计划，甚至每天的计划。

绩效规划制定好以后，绩效实现的计划可以和工作计划合并，如果不能合并，则代表绩效的设定存在问题。

很多公司会要求员工做工作计划和工作总结，很多管理人员喜欢用大段的文字表述自己未来的工作规划，但是往往华而不实，口号大于策略、方向大于措施。笔者制定了一个与KPI相关的工作计划表，将月度核心的工作进行分解，并在指标的基础上将计划嵌入进去，并对关键的事务项、事务项的要求和时间责任人都做了定义。这张表将绩效策略、绩效辅导和绩效过程都涵盖其中。

某部门绩效计划表，如表4-9所示。

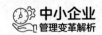
表4-9　***部门绩效计划表（20**年8月）

序号	考核项目	必保目标	挑战目标	指标权重	实施计划	W1/P	W1/R	W2/P	W2/R	W3/P	W3/R	W4/P	W4/R
1	产量	1 140万片	1 178万片	20%	换产时间管控纳入每天分析会议，对影响换产及设备使用时间的异常结合问题立即解决	228万片	240万片						
2	成本	1.08	1.02	40%	1.砂浆管控的执行，管控砂浆密度、用量；2.异常钢线的消耗，减少异常钢线对车间成本的影响	1.08	1.229						
3	A品率	93.5%	95.0%	20%	1.对切损及崩边缺角的责任划分及考核办法的制定；2.切片关键性管控点的管控措施的制定及执行	95%	94.16%						
4	人均问题个数	0.5	0.4	15%	制定每日检查要求，对违规作业的员工进行差错管理，并做好培训教育工作	0.4	0.35						
5	安全事故	0	0	15%	1.每个轮班最后一天下班主管进行一次安全培训；2.班长针对安全讲解一项注意事项	0	0						

第四节
绩效考核与反馈

绩效考核就是将计划目标与实际结果进行比对，看看实现的情况如何。绩效反馈就是将绩效考核的结果在利益上进行体现。这就涉及利益分配的复杂情况，管理者需要密切关注绩效考核和绩效反馈的合理性，一方面确认其与绩效规划时的投入、产出是否吻合，另一方面检讨这样的绩效考核结果是否有激励作用。

一般来说，绩效工资有多种核算方式，笔者建议采用以下两种：

● 绩效工资 = 绩效基数 × 绩效分数

● 绩效工资 = 绩效工资等级（A/B/C/D）

在设计绩效目标的时候，要避免绩效成绩很好但是企业经营效果很差的情况出现。同样，有的企业部门业绩无法实现，但是大部分员工的绩效很好，这种情况多出现在考核方案并不完善的时候。笔者建议将部门绩效结果作为部门成员的"奖金基数"，并将"成功的团队没有失败的个人，失败的团队没有成功的个人"理念融入绩效考核。举个例子，在某个岗位上，其中几位员工提前完成工作业绩，但是他们知道如果部门业绩没有完成会影响他们的预期收入，因此他们就会在做好自己本职工作后去思考如何帮助团队提高部门的整体业绩。绩效管理要将个人的利益与集体的利益高度捆绑在一起。

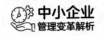
部门绩效结果作为个人绩效的系数或者等级系数的几种操作：

一、部门自己分

这种做法比较简单粗暴，对部门管理者的管理能力要求比较高。举个例子，公司给予该部门员工人均绩效500元，管理人员人均绩效1 000元，核算出部门的绩效奖金为M元。如果部门的考核分是90分，那么该部门的当月的绩效工资为0.9×M元。部门管理人员根据岗位的重要程度制定绩效考核及分配方案。这种方案的缺点是存在暗箱操作的可能性，存在公正失效的风险；优点则是部门管理者对部门的掌控力强，其内部执行力强。一般情况下，员工绩效工资可以设定为：

员工绩效工资 = 部门得分 × 个人得分 × 个人绩效基数

按此公式核算后，利用公司分配给部门剩余的奖金，对部门的优秀员工做二次分配，从而激励那些真正为部门做出业绩的员工。

二、由人力资源部按照标准核算

各部门将各个岗位的绩效考核方案提交至人力资源部。人力资源部根据薪资架构设计好各岗位的绩效基数，并对用人部门提交的每月考核数据进行统一核算。这需要将部门的绩效结果与部门个人的绩效相关联，可以采用直接乘以分数的形式，也可以采用等级比例制，如表4-10、4-11所示。

表4-10　部门绩效分数等级比例

部门绩效分数	等级	部门内 A+、A、B、C 等级比例
95分以上	A+	20%、40%、35%、5%
85～95分	A	15%、35%、45%、5%
75～84分	B	10%、30%、50%、10%
75分以下	C	5%、25%、50%、20%

表4-11 员工绩效分数等级比例

员工绩效分数	等级	绩效系数
95分以上	A+	1.2
85～95分	A	1
75～84分	B	0.8
75分以下	C	0.5

如果在考核等级上不作严格要求，时间一长会变成所有员工都是 A 或 A+。即使开始有些管理者会将绩效考核作为激励员工完成目标的工具秉公考核，但是由于这部分资金分配权在公司而不在部门，因此有的部门管理者开始放低要求，这导致他部门的下属基本是高等级的绩效。这样就失去绩效考核的意义。

在采用这种绩效考核方式时，一定要明确各等级的比例，让部门管理者自己去面对这个难题，从而倒逼他们建立并完善内部考核制度。

这两种绩效考核方式的优缺点都比较明显，在不同的企业采用不同的绩效考核方式会比较好。

绩效考核包括月度绩效考核、季度绩效考核、年度绩效考核。有的企业会设定三种绩效考核，有的企业可能就只有月度绩效考核和年度绩效考核，当然也有的企业只有月度绩效考核。总而言之，这取决于企业的发展阶段、业务模式和业绩反馈周期。

绩效考核一定要达到鼓励先进的员工、淘汰落后的员工的效果。

淘汰员工有三种方式：第一种是通过绩效考核的方式让员工自己觉得自己达不到公司的要求，同时薪资因为绩效差不能达到预期而主动离开；第二种是通过团队积分管理让团队内部形成淘汰落后员工的文化，让落后的员工难以在团队立足；第三种则是企业主动淘汰员工，当然这种方式对企业来说是代价最大的。

第五节
绩效管理的推行

绩效管理推行的时间以及节奏是需要根据企业所处的阶段、企业基础管理的水平而定的。企业不同管理阶段的绩效推行方式，如表4-12所示。

表4-12　企业不同管理阶段的绩效推行的方式

管理阶段	管理状态	绩效推行
精益管理	建立基于数据分析的运营管理体系，并形成深入人心的改善文化	采用绩效管理以及利润中心、成本中心的系统激励模式，将日常激励与长期激励相结合
精细管理	建立数据体系、目标体系等体系化的管理	以关键绩效为主，以领导评价为辅，形成完善的目标管理及绩效管理体系，可以有效激励团队实现目标
规范管理	建立制度、标准、机制等	在相关制度和数据支撑下，关键指标和领导评价相结合，逐步向规范管理引导
基础管理	开始有奖罚的概念，但是执行难	以评价为主，以领导喜好为导向，快速执行
作坊管理	没有制度，领导决定	简单指标，作用在聚焦

在企业不同的发展阶段绩效管理有不同的做法，切不可揠苗助长、急功近利。绩效管理不够规范的时候就直接以领导喜好作为依据，因为这个时候需要的是能调动人员，而不是过分关注公平公正。毕竟这个时期公司需要的是每一级干部都能对下一级员工有掌控力。与此同时，不断优化制度，做好基础工作，从而让绩效考核更加高效、公正。

管理规范会指向一个完善的数据管理体系，包含数据的甄别、数据的采集、数据的验证、数据的分析。有了这些，才有了证明管理是否规范的基础。

绩效管理的推行是一个循序渐进的过程，如图4-7所示。

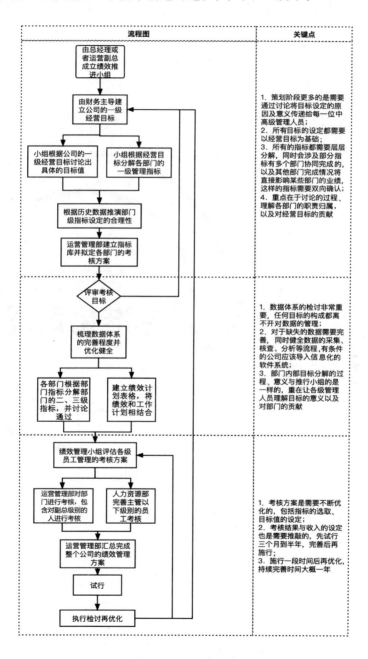

图 4-7　绩效管理推行流程图和关键点

第五章
标准化管理

第一节
管理变革——标准化管理

标准化管理体系是整个运营管理体系的重要支撑，因为它连接着过程管理和绩效管理，是实施目标管理的基础保障。很多企业中存在的一些现象：

● 公司财务付出去一笔款，因为采购总监告诉财务总监，如果不付这笔款的话货就进不来。结果是付款了，供应商跑了。老板追问为什么没有他的批准款就付出去了。财务总监说是采购总监十万火急，采购总监说生产缺料不买就停产了，他和供应商接触过，感觉挺好的，没想到会这样。

● 四年前采购的原材料没有用完，结果现在产品升级用不到了。

● 产品设计变更了，但是生产部不知道，采购部也不清楚，这导致生产部一直生产老产品，采购部一直采购变更前的原材料。

● 岗位人员变动，工作交接不了，招聘的新人需要培养。

● 员工作业标准不一样，每个人做出来的产品不一样。同一时期采购的设备，因为作业要求不统一、不规范，导致设备故障频发。

这些现象基本是没有规范的流程、没有明确的工作标准、没有完善的制度导致的。因此，企业的问题就像地鼠一样不停冒头，管理人员一直在处理这些问题，整个组织效能低下。当然，有的管理者可能会享受这种凡事由自己决断的乐趣，殊不知这会导致企业长期陷入无序状态，管理体系就无法形成，管理团队也无法成长，管理者也不能腾出时间思考企业发展问题。

维持和改善是管理的两个轮子，维持就是标准化。因此，标准化是企业管理升级变革的基础。没有标准化，无法谈改善，没有标准化的改善是没有方向的改善、虚假的改善。

标准化管理的本质是通过制定和实施标准以达到持续输出的产品或服务的规范性和稳定性，从而形成在整个路径上效率最高、成本最低的最佳方法。

标准化管理主要有四个维度：组织规范化、流程标准化、制度标准化、作业标准化。标准化管理系统图，如图5-1所示。

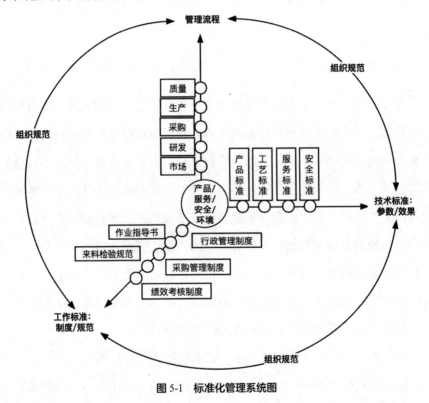

图 5-1　标准化管理系统图

标准化管理作用有以下几点：

● 有利于组织规范化管理。组织架构的设计和变动都围绕企业的发展进行；

● 有利于建立标准化的管理流程，清楚工作的执行路径、标准及风险点的控制权限，以实现成本最低、风险可控的业务流程；

●有利于工作结果的标准化，制定合理的制度，让员工清楚做好、做坏的标准；

●有利于各项技术的发展，包括生产技术、研发技术、管理技术等；

●有利于规范化、标准化作业，形成统一作业流程，使得输出的产品和服务更加一致；

●有问题发生后能有记录、标准、制度等作为分析问题的基础，并在此基础上不断优化，有效防止问题再次出现。

国际标准化组织（International Organization for Standardization, ISO）是标准化领域中的一个国际性非政府组织。ISO负责当今世界上绝大部分领域的标准化活动。ISO9001质量管理体系基本覆盖所有行业，这个认证标准是很多国家，特别是发达国家多年来管理理论与管理实践发展的总结，涉及管理哲学和质量管理方法、模式，已被世界上100多个国家和地区采用。除了质量管理体系ISO9001，还有环境管理体系ISO14001、职业健康安全管理体系ISO45001等。

一个企业的管理体系不仅包含国际或者国内标准化管理体系，还包括除此以外的一些管理体系，如人力资源管理体系、研发技术管理体系、项目管理体系、运营管理体系等。因此，本书讲的管理体系是企业组织制度和企业管理制度的总称。所有的管理体系都要朝着标准化迈进。标准化是一个目标，有国际标准化体系就必须参考，没有国际标准化体系可以参考的，也应该实现企业内部的标准化。

很多企业的管理者需要以该行业的标准化管理体系为基础框架构建企业管理体系。这和企业所处的阶段和行业属性有关系，需要管理者有动态管理思维。所有的管理体系都是为了保证企业输出的产品或者服务是可控的，是标准化的、可持续的。很多企业的管理人员并没有意识到这一点，很多时候只是为了拿到某个体系的认证证书而走捷径，并且在拿到证书以后，就将所谓的标准化体系文件束之高阁，流程也形同虚设。这导致其规模越来越大，产品质量越来越不稳定，内部沟通成本也越来越高，一直在不断暴露问题、解决问题、再暴露问题、再解决问题的泥潭中消耗自己，无法实现从人治到法治的转变。

这些管理体系就像中国历朝历代的官僚治理体系，只是用现代化的手段体现。商鞅和秦孝公有过一段对话，大致的意思是说从秦穆公开始，秦国一直被六国欺凌，如何才能让秦国强大起来？如何才能让秦国持续强大下去？商鞅提出的对策就是法治而非人治。人治主要靠领导者的个人能力和意志；法治就是一套体系，不管是什么样的君主，只要不改变管理体系，那么国家也差不到哪里。

这就是几千年前的国家治理理念，如今，企业经营一样离不开规范的管理，而规范的管理需要标准化管理体系。因此，管理者应致力于让企业的管理体系标准化。

第二节
企业管理体系的功能

企业管理体系由很多子系统组成，涉及企业的方方面面。图5-2呈现了一些主要的子系统，当然还有很多子系统没有在图上呈现出来。

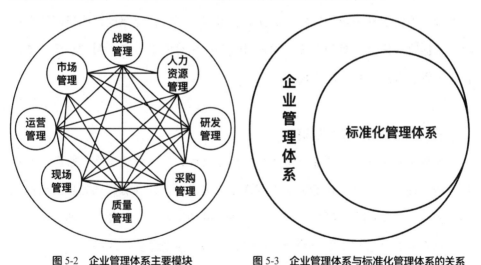

图 5-2　企业管理体系主要模块　　　图 5-3　企业管理体系与标准化管理体系的关系

这些子系统都存在于企业管理体系之中，只是有些子系统实现了标准化，而有些子系统还没有实现标准化。因此，企业管理体系的构建者和维护者应将企业管理体系中更多的子系统标准化，这样管理工作就能更加规范、系统。企业管理体系与标准化管理的关系，如图5-3所示。

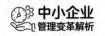
一个完整的企业管理体系应具有以下功能：

一、战略规划、方针制定

明确企业的市场定位、经营方针，让员工、客户对企业有一个准确的认知。因此，战略规划和方针制定是企业管理体系的顶层设计，也可以是企业的愿景、使命以及价值观。

二、组织设计、目标管理

确定好战略目标后，就应该设计与之对应的组织。组织设计和战略规划不匹配会制约企业发展。明确的部门职责及管理边界是组织设计的基本要求，模棱两可的部门职责将导致组织效率低下，甚至影响后续流程及责任界定，最终影响目标管理。

组织设计好后，将战略目标分解成阶段性目标，建立目标管理体系。企业管理者应该在明确企业的目标后梳理业务流程。因此，组织设计比目标管理重要，目标管理比流程梳理重要。确定目标的作用是明确方向，明确责任主体，让各级管理者承担相应的责任。

三、流程设计、制度规范

流程是对企业的主要业务工作做规范化设计，使常规性工作能够有条不紊地进行，使非常规性工作能够未雨绸缪，使突发性工作能够高效处理。流程化使任何一项工作都有清晰的路径，是效率最高的工作方式。此外，通过流程节点控制企业经营过程中的风险点，可以大大降低企业经营的风险。

与此同时，还应该考虑效率和风险的平衡，不能只考虑其中一点，否则会出现风险减少了，但是效率低下、资源浪费等问题。这就是为什么提出"增加一个流程就必须减少两个流程"——企业熵减的思维。当然，并不是所有企业的管理者都要学习这种思维，毕竟企业所处的阶段和企业管理者的能力是有区别的。因此，流程设计是需要不断优化、持续改进的。

同时，也应该不断完善各级各类制度，将管理要求、管理标准透明化。

四、人资设计、权责价值

人力资源的规划和设计是企业管理者调动每一位员工的积极性、激励他们持续奋斗的关键。企业应对岗位权责、各级员工的任职要求进行准确、规范的设计。企业的持续发展必须靠"法治"的管理系统来规范员工及管理者的任用和考评标准，从而激励他们持续奋斗。

五、过程管理、运营决策

每一个管理活动、执行过程都会对企业的短期目标和长期目标产生影响。如果缺少过程管理的话，那么执行结果一定是不可控的，企业的目标执行也无从落地，持续改善也无法形成。

企业管理者的运营决策应该建立在数据管理基础上。无论是过程数据体现执行效果，还是结果数据体现经营效果，没有数据支撑的决策必然是无本之木。企业管理者必须思路清晰，谋定而后动。建立基于过程管理和运营决策的管理体系对企业管理者来说是非常有价值的。

第三节
组织设计

关于经营和战略，本节就不作过多阐述，而是将焦点放在运营管理的务实框架内。因为这是企业实现目标的保障。很多企业的管理者并不是很重视组织设计，在他们看来，事情有人做就行了，至于谁做都可以，这导致企业中因人设岗、因人设部门的现象比比皆是。做好组织设计是非常专业的事情，也是非常必要的事情。

纵观中国历史，历朝历代的发展过程其实也是官僚体系的发展过程，官僚体系其实也有明确的组织设计，如汉代的三公九卿制、唐朝的三省六部制等都是组织根据发展的需要做出的调整。国家的治理体系一旦成形，要改变是非常困难的。相比较而言，企业管理远没有国家治理那么复杂。任何一个组织设计都不是完美的，在企业动态发展的情况下也不可能是一成不变的。

一、组织设计存在的问题

企业在不同的阶段、不同的资源条件下的组织设计不一样。但是，很多企业家在企业出现业绩滑坡、成本居高不下、新品不断延期等问题的时候，很少考虑是不是组织设计跟不上企业发展的速度、不能满足应对市场竞争的需求。

很多企业家喜欢模仿流行的组织设计模型，如职能制、矩阵式、事业部式、母子公司式、超矩阵式，但是由于没有理解其本质而又不愿意听专业人士的建议，往往最终"画虎不成反类犬"。

在企业发展的不同阶段，随着组织规模的扩大及经营能力的提升，组织结构也需要适应组织的发展。在初创阶段，企业需要扁平、高效的组织结构，把握机会以及快速作出决策，以保证生存。这个时候可以根据核心层的个人特质和能力构建简单、高效的组织架构。如果围绕主要职能设置部门，则会导致组织结构会过于臃肿、部门过多、流程烦琐、效率低下，造成企业出现生存问题。当企业发展壮大，如果组织机构仍然简单，则很难实现高效，因为事务的复杂性和难度随企业规模的扩大呈非线性增长。这必将造成流程缺失、管理体系不完善，企业缺乏相应的保障，输出的产品或者服务难以保证一致性和稳定性。

举个例子，小米公司前期是扁平化的组织管理，每个合伙人负责一摊业务，平时也很少召开会议，决策非常高效。2018年，小米公司开始调整组织架构为总部集权的层级式架构。小米公司最初没有绩效考核，但是有股权激励，小米公司上市后还是采用传统的绩效管理。小米公司的管理者提出的一个组织概念非常值得借鉴，那就是"阶段性正确"。中小企业也是一样，管理者永远要问自己是否"阶段性正确"了。

组织适应不了企业发展会出现以下现象：

第一，部门职责不清晰。

在初创阶段，企业各项工作都讲究效率，高层人员抢着做事情，很多时候通过非正式的沟通就确定工作的边界。但是，随着企业的发展依然采用这种模式就会导致指令不清、工作效率低。

第二，管理臃肿，层级太多，人浮于事。

有些企业的很多部门真正做事情的员工比干部（一名正职、多名副职）少，员工也不知道听谁的，这导致多头管理、钟摆效应出现，管理成本居高不下，能解决问题的人员越来越少。

第三，部门职能设计不合理。

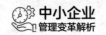
企业部门大多采用垂直管理方式，信息单向传递。但是，企业经营是一个复杂的系统，尤其在信息传达的时候更是需要多部门协同。

第四，决策层级设计不合理。

关于企业各项事务的决策权需要分层设计，将建议权、拟定权、审核权、审批权、监督权分别赋予不同的部门。很多企业之所以一管就死、一放就乱，就是因为决策权没有分层设计，造成要么领导负责决策，一管到底，要么权力整体下放，领导无法监控，这样的企业基本处于失控状态。

第五，监督职能过弱或过强。

很多企业设计组织的时候为了高效并没有很好地发挥监督部门的作用。例如，很多制造部门的负责人同时管理质量部，这导致质量部的公正难以保证，尤其是在面临企业有相关考核但是整体机制又不完善时会出现弄虚作假、徇私舞弊的情况，最终导致企业在丢失客户的同时内部问题无法暴露出来而失去改善的机会。

与此同时，很多企业存在过度监管的情况。例如，审计部、稽查部经常进行劳民伤财的稽查活动导致大量的人力资源浪费在应对检查上，而没有梳理好部门职责、构建好数据体系、建立好清晰的管理流程。

二、组织架构的要素

很多管理人员觉得组织设计很简单，依葫芦画瓢就行了，但是没有理解核心总是会搞得"水土不服"。一个有系统设计的组织架构一般包含职能结构、职权结构、层次结构、部门结构四大要素，只有这四大要素都清晰，组织管理才能顺畅。

（一）职能结构

职能结构是指实现组织目标所需的各项业务工作以及比例和关系。设计职能结构包括两个层次：一是基于企业关键价值链的主流程所需的一级职能设计，包括主流程的各个环节，再增加对关键控制点的检查，就构成一级职能，这也是划分部门职能的依据；二是在主流程之外的其他流程和辅助流程所需的职能设计，这往往是设计岗位职能的依据。

（二）职权结构

职权结构是指各层次、各部门在权力和责任方面的分工及相互关系。职权设计就是全面、正确地处理上下级之间和同级之间的职权关系，把各类型的职权合理分配到各个层次和部门，建立集中统一、协调配合的职权结构。

（三）层次结构

层次结构是指管理层次的构成及管理者所管理的人数。其考量维度包括管理人员分管职能的相似性、管理幅度、授权范围、决策复杂性、指导与控制的工作量、下属专业分工的相近性等。

管理层次是从最高管理机构到最低管理机构的纵向划分，其实质是组织内部纵向分工的表现形式，主要是各种决策权在组织各层级之间的划分。

管理层级的多少取决于企业的规模、组织的分散程度、管理者的能力、员工的素质、市场环境的复杂性、企业集权程度等因素。管理层级如果过多，最直接的结果是信息失真、决策缓慢，附带的还可能会使组织臃肿、管理效率低下、组织成本过高。

（四）部门结构

部门结构是指各管理部门的构成。其考量维度主要是一些关键部门是否缺失或需要优化，尤其是部门之间的横向关系设计。部门关系包括协调协作和监督制约。横向协调是调节组织部门之间关系的重要手段。制约机制的设计就是预防部门行为偏离航向。

组织架构有很多种类型，如直线型组织结构、职能型组织结构、直线职能型组织结构、事业部组织结构、矩阵结构等。一般来说，在传统的制造业中，部门采用垂直式管理或者直线职能式管理。这种架构的好处就是责任清晰、政令通达，其弊端就是跨部门沟通成本高、协同性差，往往会导致企业在遇到突发事情时处理速度很慢，甚至会贻误最佳时机酿成重大事故。

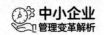

笔者认为，对中小企业来说，较为理想的组织架构，如图5-4所示。

图5-4没有明确标记部门架构、职权架构，只是大致将职能和层次做了梳理，毕竟部门架构和职权架构对于不同的企业来说差异太大。

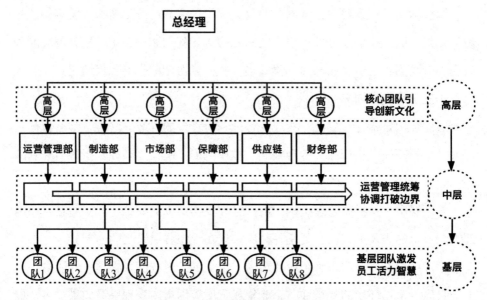

图 5-4　企业组织架构参考图

第四节
质量管理体系

本节重点讲质量管理体系。质量管理体系的应用非常广泛，可以覆盖多个行业。如果企业的管理者能将质量管理体系应用在企业管理中，那么这个企业的内部管理一定不会差。但是，很多企业的管理者根本没有理解质量管理的意义及精髓，往往是文件一套，执行又是另一套。

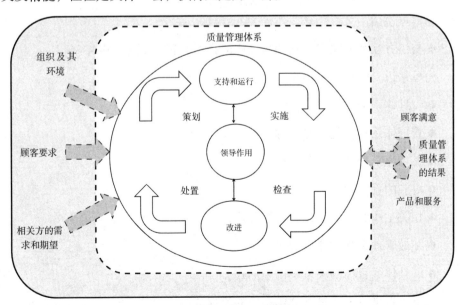

图 5-5　质量管理体系逻辑图

图5-5为质量管理体系逻辑图。这个图基本涵盖了企业经营活动的主要流程。质量管理体系的目标和方针都重点落在质量上，核心的价值是建立一套标准化的管理体系，以客户为中心，并能为其持续提供稳定的产品或服务，在此过程中不断完善各项规范和制度。

运营管理者需要深入学习质量管理体系的八大原则，具体如下：

● 以顾客为关注焦点：构建质量管理体系的目的是让顾客满意，以获得效益。

● 领导作用：质量管理是"一把手"工程，宗旨和方向从上往下传达和贯彻。

● 全员参与：质量是全员的事情，人人都是质量管理的主角。

● 过程方法：过程是输入转成输出，以及有效配置资源，得到高效产出的活动管理。

● 系统方法：系统是管理相互关联的过程，以提高效率。

● 持续改进：充分理解和运用戴明环（PDCA），不断改进。

● 基于事实的决策方法：数据和信息的分析是作出决策的基础，靠事实说话、靠数据说话。

● 与供方互利的关系：强调与供应商合作共赢，不能只讲控制。

简单来说，质量管理体系包括以下几个部分：

● 管理体系的方针和目标；

● 管理体系对应的流程文件；

● 各主流程分解的业务流程；

● 对应的管理制度、工作标准；

● 相关工作的表单记录、数据分析；

● 绩效管理在管理体系的嵌套；

● 调整体系目标的决策窗口和形式。

这里重点讲一下质量管理体系中的流程。

一、流程的意义

很多企业的管理者不重视流程也理解不了它的重要性。笔者举几个自己亲身经历过的案例说明流程的意义。

笔者曾经在一家锂电池企业做总经理，同时分管销售。客户要求送样，笔者就会直接安排。但这次因为笔者之前随口答应了客户，就不顾测试还没有做完、测试周期不够直接送样了。然而，因为参数不达标导致竞标没有成功，失去了一个非常好的客户。后来，为了避免自己犯同样的错，笔者就制定了一个送样流程，明确要求没有质量部经理的签字不允许送样，遇到特殊情况，也只能待分管业务的负责人召开会议通报信息评估风险签字确认后，才允许特事特办。此后，又有几次客户需要样品，为了时效性，笔者还是会急着送样，但是最后都是被这个流程约束了，其中有好几次如果破坏了这个流程把样送出去也会面临失去客户的风险。这个案例比较典型，很多企业的总经理往往会分管某一个部门。如果是从流程上来说，他只是负责这个部门，平行的部门负责人有权利按照流程执行，但是他又是总经理，因此很多下属就不愿意得罪他。结果就总是出现违反流程的事情。所以，领导的意志往往会影响企业标准化流程的实施。

再举一个例子，笔者曾经工作过的企业有一个加工商，公司规模挺大，但是总经理经常要出面协调采购、销售和生产的事情。各部门的经理谁也不服谁，导致内耗严重、效率极其低下，经常出现订单无法按时交付的问题。比如，我们一般是和销售部沟通，告知其订单需求。等到生产部要排生产的时候发现排不了，因为缺物料，采购部无法保障物料及时到厂。一追问，是采购员向采购部经理汇报物料涨价20%，采购部经理让采购员将这个信息发邮件通知业务部，让其决定要不要按这个价格采购。结果中间就脱节了，业务部经理觉得这是采购部的事情，他们必须保障先到物料以满足生产需求。但是，采购部觉得如果按照这个价格执行，公司会亏钱，所以需要业务部知晓并请示汇报。最终结果就是订单没能按时交付，还赔偿客户一大笔钱，失去了这个客户。责任不明、流程不清、平行部门间的协调沟通缺乏流程规范也是一般企业经常会出现的问题。这个问题最后还是要让总经理来处理，因为总经理掌握的信息往往是被过滤的，裁决难免失之偏颇，久而久之，每个部门经理都对总经理有意见。

一般企业是基于组织的垂直指挥系统采用上下级的关系，其中包括三个含义——指挥、报告和行政隶属。而流程导向的是横向联络系统，有以下特点：

一是跨部门运作，如采购流程，涉及物控部、质量部、技术部、财务部等部门。

二是部门之间没有指挥关系，但是存在控制关系。比如，质量部、财务部不能指挥采购部，但能在采购付款、成本控制、货物验收方面制约采购部，它们之间是控制关系。

三是部门没有级别关系。一个部门的总监带企业的物品出工厂大门，也要受到门卫的盘查，并要出示手续，他服从的不是保安而是出入管理的流程。

四是解决部门之间的问题，相互服务，协调推动。在企业内部，各部门之间按部门职能互相提供服务。这种服务的工作标准应与业务部对客户的服务标准相同，如新产品开发，市场部为研发部服务，研发部为生产部提供依据和标准，生产部的样品提供给销售部试销，市场部在市场上得到的试销反应，反馈给研发部。不同部门的职能不同，在一个流程中扮演的角色也不同，但是可以通过流程将各个部门的工作协调起来。

五是确定最高效的工作路径。在企业中，按照流程一步一步执行是综合效率最高的方法。流程明确规定什么事情在什么时候找谁确认，输出什么以后可以执行下一步，这样对每一个执行流程的员工来说都是最高效的。

六是相互制约，有效控制风险。每一个流程都设计了相关的控制节点，需要审批、确认，其目的在于控制相对应的风险，尤其是每个部门每级人员都可能存在趋利避害的思维，都想做对自己有利的事情，这就会导致风险出现。因此，通过部门间的制约设计，可以较好地平衡资源并规避风险。

二、流程的编写

企业的管理者需要掌握流程编写的方法。过程的识别，如图5-6所示。

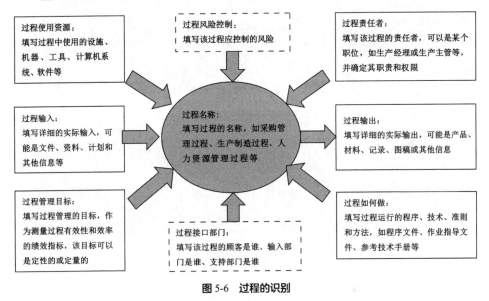

图 5-6　过程的识别

图5-6涵盖了流程的目标、步骤，每个步骤的执行者、输出内容及该步骤的接受者是谁，过程执行的时长及该过程的风险点是什么。

简单来说就是四句话：第一句话是这个过程的目标是什么，第二句话是这个过程的输入和输出是什么，第三句话就是完成这个过程需要什么样的资源，第四句话就是每个环节的风险是什么。

根据过程识别的信息可以制定业务流程。流程应包含以下内容：执行者、输出内容、审批者、接收者等信息，如图5-7所示。

图5-7是质量管理体系中的二级文件，表述公司的主要业务流程。整个质量管理体系有四级文件，如图5-8所示。

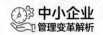

总负责：采购部　　　　　　　　量度频次：半年一次
总目标：物料及时齐套率60%，准时倒料率80%

A01	部门经理	全数		审批者	接受者	过程执行时长	过程描述
		执行者	输出				
1	采购信息 YES	计划物控部及相关职能部门	物料申购单	部门经理	采购部	/	计划物控部及相关职能部门负责提出申购信息报采购部
2	采购合同/订单制作	采购员	采购合同/订单	采购部经理	采购部	/	采购员根据计划物控部及相关职能部门提出的申购信息制定采购合同/订单
3	合同评审 NO	采购部	合同评审意见表	采购部经理	采购部	/	评审部门由计划物控部、技术部、财务部审并形成意见报总经理做最终裁决
4	合同释放	采购部	采购合同/订单	采购部经理	供应商	/	将报批后的合同/订单传达至供应商
5	合同签署与订单回传	供应商	采购合同/订单	供应商	采购部	2个工作日	供应商确认合同/订单各条款后，确认回签
6	供应商送料	供应商	送货单	供应商	仓库	/	依据采购合同/订单之要求送货
7	收料	仓库	入库单/送货单(供应商)	仓库负责人	仓库/IQC	1个工作日	仓库依据收料程序进行收料后，转IQC检验
8	检验 NO / IQC NO	质量部	送检单/来料检验报告	质量部经理	仓库/采购部	/	来料检验合格后入库；若不合格，参照"不合格品处理流程"
9	入库 YES YES	仓管员	入库单	仓库负责人	仓库	/	系统入账
10	财务付款	财务部	发票	财务部经理	供应商	按合同规定期限	财务部依据《付款作业指导书》执行

图 5-7　业务流程

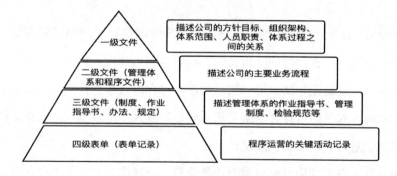

图 5-8　质量管理体系四级文件

对质量管理体系四级文件做简单补充，如表5-1所示。

表5-1　质量管理体系四级文件的概念和作用

文件	概念	作用
一级文件	方针目标、组织架构等，属于质量管理体系的顶层设计	纲领文件，表明意向及达到此目的的策略及方法
二级文件	企业经营活动的主要程序，明确步骤、责任人，以及输入、输出的标准	说明由谁负责执行什么及什么情况下执行程序，明确责任归属
三级文件	明确的管理制度和作业指导书	如何执行某些具体的工作
四级表单	相关的记录，追溯依据	已按文件执行工作的证据

　　本节对质量管理体系做了简单阐述，它有几个要点：①写你所做，做你所写；②流程清晰，责任明确；③过程规范，结果标准；④全员参与，持续改进。

第五节
制度设计

质量管理体系中的三级文件为制度、作业指导书等。下面针对制度设计展开论述。很多企业的管理者不会设计制度，随便在网络上搜索一些制度文件就拿来用，但是往往效果不好，甚至有反作用。

表5-2　企业制度分类

总称	组成	概要	核心	举例
企业制度	行政管理制度	企业在行政管理层面制定的规章制度，有纲领性的内容，也有具体的行政要求类制度	行为规范、奖惩纲领等，是一切管理要求的纲领，是企业行为文化的根本	《员工手册》《公司奖惩制度》《公司出入管理制度》等
	企业运营管理制度	企业在目标管理、绩效管理、异常处理、问责改善等领域列出的管理制度	企业经营目标实现，推动管理体系持续改进，是企业经营结果确定性提高的根本	《部门绩效管理制度》《异常管理制度》《重大事故听证会制度》等
	部门业务制度	各部门在梳理业务流程后分解出来的管理制度，列出更加细致的要求	各部门围绕公司级要求，为了实现部门工作目标	《订单管理制度》《生产作业管理制度》《质量巡查制度》《采购管理制度》等
	作业规范	员工作业指导书、作业要求、检验规范等	具体的执行标准、作业流程	《**岗位作业指导书》《**产品检验规范》

制度是质量管理体系的重要支撑。企业的管理制度由表5-2中的四部分组成。

有句话是这么说的，员工不会做你要求的，只会做你检查的。这句话其实并不准确，应该是员工不会做你检查的，只会做和他利益相关的。李泽尧老师提出一个关于制度的公式，笔者觉得很有道理。

制度＝（过程规范＋结果标准）× 利益

这个公式很好地诠释了上面这句话。过程规范就是要求明确，结果标准就是制度需要检查措施，并能清晰地判断执行的结果，利益自然就是过程和结果与员工的收入之间的关系。

不和利益挂钩的制度一定是难以落实的制度。

举个例子：公司要求全体管理人员每周必须准时参加公司组织的管理培训，并对管理人员的培训结果进行考核。对于考核达标的人员，人力资源部对其进行统计并纳入档案作为晋升的重要指标。缺一次，该项分数扣10分，考核不达标扣5分，迟到早退扣3分，该项分数低于50分则取消资格。

这里对利益做一下阐述。利益分为当下利益与未来利益。当下利益，可以理解为当月的奖金或者罚款。未来利益，可以理解为年终奖励、晋升机会、期权机会等。

所以，企业的管理者在设计制度的时候要考虑企业的状态和阶段。如果企业的成长性非常好，那么未来利益比当下利益更有诱惑力；如果企业的成长性不好，那么当下利益会比未来利益更有诱惑力。最具有诱惑力的自然是既有当下利益又有未来利益。

如何设计制度会让制度在有效的同时让执行人员接受呢？笔者建议遵循四个原则：第一个原则是尊重人性，第二个原则是个体与集体长期利益一致性，第三个原则是群体公正性，第四个原则是管理成本适合性，如表5-3所示。

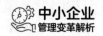

表5-3　企业制度设计原则

原则	阐述
尊重人性	制度设计必须基于人性假设，基于人性善的假设设计的制度一般不如基于人性恶的假设设计的制度
个体与集体长期利益一致性	短期对执行者没好处而长期对执行者有好处，因为对执行者和集体来说短期、长期都没好处的制度是不好的
群体公正性	在设计奖罚的时候，考虑的是对所有执行者的公正性，如果有人违反但是没有受到处罚，那么这对群体来说就不公平
管理成本适合性	任何制度都需要投入管理资源，与此同时，必然会在某些方面有负面作用，要求越高、越细，管理成本越高，如各种监管成本

一、人性假设

人性到底是善还是恶，古今中外的哲学家一直有这方面的争论，仁者见仁，智者见智。对企业管理者来说，他们是在一定框架和边界下作假设，目的就是设计适合企业的制度。

18世纪英国很多罪犯在国内无法安置，只能运到澳大利亚。从英国到澳大利亚，距离遥远，英国政府为了省事，便把运送犯人的工作"外包"给私人商船。刚开始，英国政府在船只离岸前，按上船的犯人人数支付船主运送费用，船长则负责把犯人安全地运送到澳大利亚。

当时，那些运送犯人的船只大多是由一些破旧货船改装的，船上设备简陋，药品很少，更没有医生。船主为了牟取暴利，尽可能地多装人，致使船舱拥挤不堪，空气浑浊。船主在船只离岸前就按上船的犯人人数拿到了钱，以至于他们对这些犯人能否活着到达澳大利亚并不上心。有些船主为了减少费用，千方百计虐待犯人，甚至故意断水断食，犯人死了就往海里一扔。

几年后，英国政府发现，运往澳大利亚的犯人在船上的平均死亡率高达12%，其中有一艘船运送424个犯人，中途死亡158个，死亡率高达37%。鉴于犯人的高死亡率，英国政府决定在每艘运送船只上安排一个政府官员，以监督船长的运送行为，并给随行官员配备了当时最先进的手枪。同时，还对犯人在船上的生活标准做了硬性规定，甚至还给每艘船只配备了医生。

上述措施实施初期，船长虐待犯人的行为受到遏制，政府官员的监督好像有效。但是，事情很快就发生变化了。远洋航行的险恶环境和金钱诱惑，使船长铤而走险。他们用金钱贿赂随行官员，并将不愿同流合污的官员扔到大海里。面对险恶的环境和极具诱惑的金钱，随行官员大多选择了同流合污。于是，监督开始失效，船长虐待犯人的行为变本加厉。面对新问题，英国政府采取了道德教育的新办法。他们把那些船长集中起来进行培训，教育他们不要把金钱看得比生命重要，要他们珍惜人的生命，认识运送犯人的重要意义（即运送犯人去澳大利亚，是为了开发澳大利亚）。但是，情况仍然没有好转，犯人的死亡率一直居高不下。

后来，英国政府发现了运送犯人的制度弊端并想到了解决办法。他们不再派随行监督官员，不再配医、配药，也不在船只离岸前支付运费，而是按照犯人到达澳大利亚的人数和体质，支付船长运送费用。这样一来，那些船长为了拿到足额的运费，必须在途中细心照料每个犯人，不让犯人体重少于出发前。若是死了一个犯人或者犯人的体重减轻，英国政府都会少支付一些运费。

据说，有些船长还主动请医生跟船，在船上准备药品，改善犯人的生活条件，尽可能地让每个犯人都能健康地到达澳大利亚。自从实行"到岸计数付费"的措施以后，犯人的死亡率降到1%以下，有的船只甚至创造零死亡纪录。

这个案例被广泛引用。开始，英国政府以为付了钱，船长就会把犯人安全地送到澳大利亚，结果这个制度导致死亡率居高不下，即使安排监督官员一样不可避免，人性的下限依然没有堵住。制度就是要堵住人性的下限，然后通过企业文化引导人性的善，通过管理体系激发人的创造性，这样可以大大降低管理成本。

所以，在设计制度的时候，就应该把员工想象成想偷懒不干活，喜欢走捷

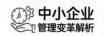
径的人，这样对管理对象的覆盖面就更大，更能减少不确定性。

在设计制度的时候，假设自己是被管理者，自己怎么理解这个制度，自己怎么钻这个空子，遵守制度有什么好处，不遵守制度有多大成本，设身处地地模拟过程，把漏洞列出来，再优化制度。

二、制度设计的出发点

制度不是为了处罚，而是为了避免事故发生。所以，制度都会有明确的约束。那么，怎么设计奖罚呢？有一个准则供大家参考：容易做到的只罚不奖，中等难度的有奖有罚，高难度的只奖不罚。

如果不执行处罚要求的话，制度就一定落实不到位。很多管理人员会遇到这样的情况：员工第一次犯错，不是故意的，一旦网开一面，就很难坚决执行制度。所以，很多公司不缺制度，缺的是执行到位，究其根本原因还是在于对制度缺少敬畏之心，导致制度的法规效应没有形成，久而久之就形同虚设。更有甚者，颁布越来越多的制度，问题却始终得不到解决。就像一个寓言故事：动物园管理员发现袋鼠从笼子里跑出来了，于是开会讨论，大家一致认为是笼子的高度过低。所以，他们决定将笼子的高度由原来的10米加高到20米。结果，第二天他们发现袋鼠还是跑到外面来，所以，他们又决定将笼子的高度加高到30米。没想到隔天居然又看到袋鼠跑到外面，于是管理员大为紧张，决定一不做二不休，将笼子的高度加高到100米。一天，长颈鹿和几只袋鼠在闲聊。"你们看，这些人会不会再继续加高你们的笼子？"长颈鹿问。"很难说，"袋鼠说，"如果他们再继续忘记关门的话！"

正所谓慈不掌兵，管理者对制度的执行直接决定制度的有效性。管理者一味地对员工仁慈，就是对企业的不负责任，必然会导致组织涣散、纪律不明。

为什么管理者不愿意处罚下属呢？因为有成本，管理者需要评估执法效益，即执行制度带来的收益和风险与不执行制度带来的收益和风险的对比。

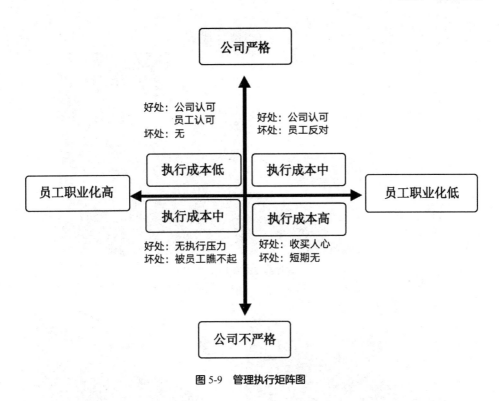

图 5-9 **管理执行矩阵图**

　　从图 5-9 中可以看出，管理者是否愿意严格执行制度取决于公司的管理要求，以及员工的职业化程度。因此，要营造一个好的管理氛围，需要在设计管理体系时，将逐级稽查、绩效管理等支撑建立起来，与此同时，需要对员工进行职业化训练。

　　根据熵增原理，任何企业管理的政策、制度、文化等在运营过程中都会伴随有效功率的逐渐减少、无效功率的逐渐增加，这导致企业混乱度逐步提高，逐渐朝无效、无序和混乱的方向运行，最终进入熵死状态。任正非认为，这种熵增产生于企业的各种内部矛盾，企业要想生成用于抵消熵增的负熵，则必须通过制度变革，激发组织与人的活力。

　　这里引入一个理论叫作球体斜坡理论。企业员工就像斜坡上的小球，如图 5-10 所示。斜坡代表人性的假设，假设人性是恶的，是有怠惰的。这也是熵增理论的一种体现，事物总是会朝着无序、不可控的方向发展。

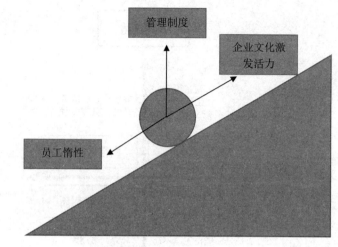

球体斜坡理论（a）

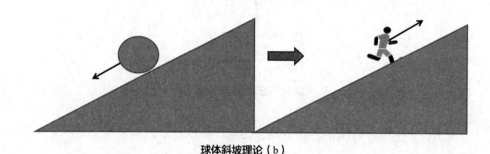

球体斜坡理论（b）

图 5-10　球体斜坡理论

　　企业管理者应该做什么呢？答案就是通过对斜坡上的小球做功，让小球往斜坡上面走，走到越高的位置，其产生的价值就越大。

　　在企业的发展过程中，员工的惰性及市场竞争是天然的阻力。企业管理者要解决这个阻力，就需要有一个止退力，即管理制度。这个力分解出一部分抵消向下的惰性，另一部分就是相应的激励措施产生向上的力让小球可以向上，还需要有一个向上的拉力，即通过企业文化给予员工精神层面的力量，激发团队的创新力。

　　笔者希望在这个理论的基础上加一个畅想，那就是怎么让小球长出两条腿自己向上奔跑？这才是企业突破管理陷阱进入创新发展的根本。

三、制度执行的可持续性

（过程规范＋结果标准）× 利益＝（过程规范＋结果标准）× 检查 × 稽查 × 奖罚

从这个公式中可以清晰地理解制度执行的可持续性所需要具备的要素。以某企业的6S管理制度为例，如表5-4所示。

表5-4　某企业6S管理制度

要素	定义	举例
过程规范	对制度要求有明确的、清晰的规范	对区域的清扫、设备保养的细节有清晰的过程，如保养工具、保养步骤等
结果标准	对结果类的要求有明确的标准，可量化或者可定性	对清扫、设备保养的结果有明确的标准，比如没有油污，或者用白手套擦拭没有印记等
检查机制	过程和结果由谁检查，如何检查	保养的时候班组长进行检查，结果由班组长确认，后续由主管检查
稽查机制	哪个部门会再去检查制度是否落实	设备技术部不定期稽查、生产部经理不定期抽查
奖罚条例	对违规和未违规人员的奖罚要清晰	发现违规，达不到要求的进行差错记录，连续三次罚款500元，每月评选"保养标兵"奖励500元。同时，对班组长、主管及经理进行关联奖罚

第六节
作业标准化

作业标准属于三级文件。这类文件大多属于部门作业层面的内部管理标准。作业标准是企业实现标准化管理的基石，毕竟一个产品的加工工序很多，每一个加工环节，甚至每一个动作都要量化，不能量化的也得定性，这样才能保证企业的产品和服务持续稳定，而不会存在批次差异。

笔者曾经参观过一个做药品研发的企业。当该企业的董事长拿出的每一个研发项目的标准作业流程整整堆满一会议桌时，参观的人都惊呆了。该作业流程共接近300万字，单记录数据都有几十页，更不要说那些具体的实验步骤了，基本上将所有的动作量化了。

当然，这是做到极致的一种呈现，一般企业是不需要这样做的，毕竟管理者是需要考虑投入和产出的。但是，这给了我们一种思路，尤其是对一些有一定技术要求或者有精确度要求的岗位有参考作用。标准作业流程和作业指导书是有一定区别的。

标准作业流程（standard operating procedure, SOP），指将某一事件的标准操作步骤和要求以统一的格式描述出来，用于指导和规范日常的工作。SOP 的精髓是将细节进行量化，通俗来讲，SOP 就是对某一程序中的关键控制点进行细化和量化。

作业指导书是作业指导者对作业者进行标准作业的正确指导的基准。作业指导书由零件能力表、作业组合单而制成，是随着作业的顺序，对符合每条生产线的人的作业内容及安全、生产出的产品的品质的要点进行明示。

需要强调的是，一定要根据企业的性质编制作业指导文件，不可盲目推行标准作业流程。

有些流水线作业动作相对简单，可以由工程技术人员编制作业指导书，对员工进行培训。

笔者曾经工作过的一家企业用了两年时间推行标准作业流程。那个时候企业快速发展，很多技术人员是从行业内各个企业过来的老师傅。这样，不同的车间、不同的班组，操作一样的设备，就会有不一样的流程、不一样的方法，导致很难消除作业差异带来的质量异常。经过两年的发酵，大家基本达成共识。于是，该企业启动标准化的工作，两年内一共编制近10万份文件。这些文件是由一些技工、工程师根据自己的经验先按照要求编写，再经过小组讨论，最终确定下来的。审批发行后，这个岗位的所有员工严格按照这个标准作业流程进行作业。这样，以后在所有车间，同样的设备作业手法是一样的。

对标准化的理解，可以再次回到本书前面所阐述的航空公司的管理。此外，高铁的管理模式也是值得企业借鉴的。现在，高铁上的卫生间都会粘贴一张卫生检查表，检查表左侧是清扫类别和标准，右侧是清扫的时间、责任人、检查人员、检查时间。关于表单设计，相信大多数读者并不陌生。笔者前面提到一个闭环的流程离不开三个要素：流程图、执行内容、执行表单。每一家企业都有表单，但是，表单的合理性参差不齐。有的企业的表单是从别的地方借用的，很多不适合企业的内容也不做修改。笔者对现场的表单管理，曾做过这样一个要求，那就是将一个月左右的表单全部搬到会议室，让主管、经理一份份查看，哪些是有效的信息，哪些是无效的信息。表单上存在空着不填的情况是什么原因，如果大部分不填，是不是这项就没有必要保留。笔者的要求是现场的表单必须是简单实用的，一旦确认推广后，每一个空白处都必须填写，如果不填写将被问责。一位管理者对一个流程、一个制度的理解深度，看他设计的表单就能判断出来。

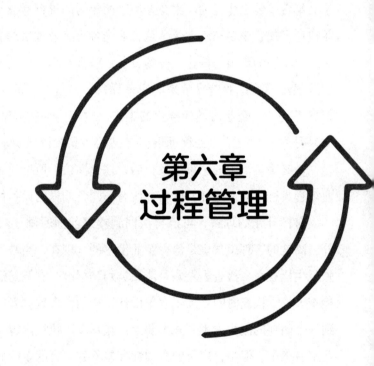

第六章
过程管理

过程管理就是通过对企业关键业务过程的设计、控制和改进，开展提高产品质量和运营绩效的活动，使过程绩效达到高水平，最终达到令顾客满意的目的。过程管理需要具备可重复性、可测量性、可兼容性。

过程管理的效果往往是一个企业效率、效能的直接体现，是实现目标的保障，也是不断完善制度、标准的推动力。过程管理是对实现目标的全流程进行的管理，而不只是对过程进行监督检查。很多企业管理者对过程管理的认识还停留在倡导"执行力"这个层面上。实际上，过程管理体系建立的终极目标是形成全员自主管理。

企业管理中的过程管理与质量管理体系中的过程管理有一定的区别。企业管理中的过程管理不仅仅针对客户导向过程（customer oriented process, COP）、支持过程（support process, SP）和管理过程（management process, MP），更多的是从运营管理的角度出发，构建过程管理体系。而质量管理体系中的过程管理只是其中一部分。

过程管理是以组织目标为输入并将其实现的过程中的一切经营管理活动。满足客户需求是其中一部分，此外，还有一系列财务管理活动。

过程管理的本质是在目标实现过程中使企业不断增值，过程方法不断优化，人员素质能力不断提高。

过程不仅包括以价值链为视角的大的系列过程，如营销、研发、采购、生产、销售等核心过程，如图 6-1 所示，也有像拧一颗螺丝这样的小过程。所有的过程都是可以不断拆分的，且各个过程之间有很多的接口。

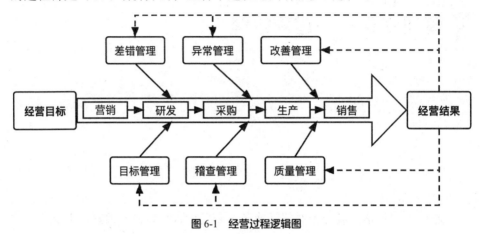

图 6-1　经营过程逻辑图

从运营管理的角度对过程管理进行分类，具体如表 6-1 所示。

表 6-1　过程管理类别

类别	定义	要点	举例
指标／目标类	有具体的、明确的数据指标，更多指的是常规的工作目标	根据目标分解，识别目标实现的过程，配置好组织资源，并设定好过程要求规范，建立相应的检查稽查改善机制，最终反馈到流程制度优化以及人员激励提升	产能完成率、销售完成率、良品率、单位成本
事务／项目类	围绕项目目标进行的过程管理，包含具体的事务性工作	根据项目目标，梳理出项目范围内的重要流程及项目验收的标准，实时阶段性调整直至达到项目目标，优化相应的流程规范及结果标准，并对相应的人员进行奖罚	产线改造项目、不良改善项目、会议类事务
项目／创新类	方向性的创新工作，弹性较大，短期成效低	这类项目大部分属于研发类或者市场类的创新开拓的事项，需要明确方向和大致目标，分阶段不断迭代试错，并不断总结经验使其成为可参考的流程或标准	产品性能改善、新市场开拓、新技术研发

过程管理的输入主要有资源和目标。资源包含人力资源、资金、设备等；目标，即这个管理过程要达到的目的和效果。

过程管理的输出包含三个部分，即目标完成的结果、资源配置变化及过程方法优化。

　　不管是大部门还是小部门，过程管理的输入、输出是类似的，仅在范围和边界层面有区别。过程管理是管理过程的集合，代表的是一系列的管理活动。

　　如果输入是一样的，那么过程管理的能力将会影响输出的结果。为促进企业更好地发展，之前流行的"打造执行力"对提升企业员工职业化意识和改善企业员工职业心态有很大的助力，但应该构建一套有效的管理体系，以尽量减少员工素质差异带来的结果差异。

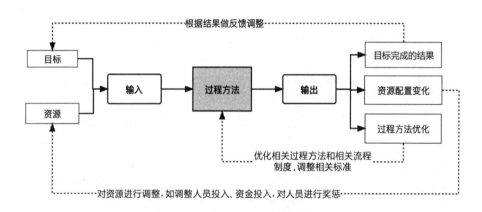

图 6-2　过程管理逻辑图

　　根据图6-2可知：

　　一是目标完成的结果。任何一个过程管理的行为都需要投入资源和具备明确的目标，以及相对应的预期结果。因此，为了达到目标是过程管理的第一核心输出。

　　二是资源配置变化。例如，在生产作业中投入人、设备、场地、物料等资源，过程管理使这些资源产生价值：生产出可以销售的产品，提高员工的职业化程度、个人素质，形成企业的管理氛围。资源配置变化的主要目的是通过过程管理使组织增值。

　　三是过程方法优化。在过程结束后，通过对目标进行对比，企业对相关的流程或者作业规范进行优化、对检查制度的盲区进行覆盖或者对稽查的频次进行调整等。所以，过程管理不是简单的一个制度、一个奖惩行为，而是一系列制度集合而成的一套有序运行的管理体系。

过程方法是一系列的流程、制度、规范等，包括质量管理、日清管理、稽查管理、标准化管理、差错管理、异常分级管理等的方法。这些过程方法会随着过程管理的不断推进而得到优化。

图6-3是实现"月产出提升10%"目标的过程管理示意图。其中，罗列了明确的目标，为完成目标所需的相关的资源条件，以及涉及目标实现的流程、规范、标准和制度。此外，图6-3对过程管理输出的三个方面也做了呈现：目标完成的情况；资源配置变化，如淘汰劣质供应商、对人员进行奖罚；过程方法优化，如延长设备保养的周期、优化作业方法、减少稽查频次。

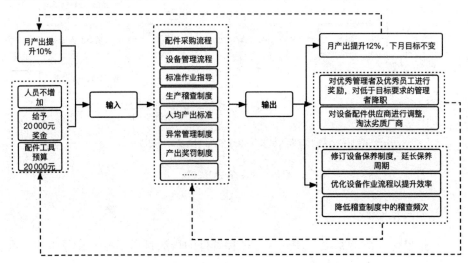

图 6-3　实现"月产出提升 10%"目标的过程管理示意图

第二节
过程管理的要求

从运营管理的角度看，将为实现经营目标而开展的所有活动进行管理的过程称为过程管理，也就是说，企业内所有的经营管理活动都应该通过过程管理最终获得符合预期的结果。在企业中，最大的过程就是企业的整体战略目标实现的过程，再往下就是企业年度经营目标实现的过程，部门的工作目标实现的过程，车间、班组、员工目标实现的过程。

作为企业管理者，应该有从宏观视角看到微观行为背后逻辑的能力。一旦管理者具备过程管理思维，就不会轻易将未达到预期结果归咎于员工没有执行力、员工没有责任心。

一、过程管理需要从会议管理开始

每个企业都避免不了各种会议，有大会、小会、务实会、务虚会、项目会、协调会等。很多企业会议越开越多而效率越来越低的原因，很可能在于会议管理存在问题。会议的分类，如表6-2所示。

表6-2　会议的分类

会议类型	会议目的	会议形式	落实方式
高层会议	研讨企业发展的方向，重大决策的讨论，现阶段存在问题的解决	研讨会、茶话会	务虚多于务实
中高层例会	聚焦检讨每周各个部门目标的完成情况，下达下周的工作重点	例会制，每周召开：行政部汇报检查情况及差错管理执行情况；运营管理部汇报主要目标完成情况，销售、产量、成本等；质量部通报各部门质量目标完成情况；总经理针对目标完成情况进行工作安排，相关事务责任落实到人，明确时间点	会议记录＋事务跟进表
部门会议	根据公司会议精神和要求对任务进行分解并强调内部执行落实	部门内部统计相关数据，以班组为单位	会议记录＋事务跟进表
班组会议	围绕具体班组工作目标进行细致检讨和落实	以个人或者机器产出，质量数据为核心，鼓励先进，鞭策落后	班组长跟进
月度经营检讨会	对整个公司的月度经营目标进行检讨，各部门第一负责人述职检讨	各部门经理述职后，总经理/副总经理对各部目标完成情况进行追问，明确下月目标及计划策略；采用评委评分制对所有述职的干部进行评分，评选出月度最佳干部	事务跟进表＋月度最佳管理证书
质量周会	质量部主导，分车间检查各部门的质量情况，以及对质量异常进行分析检讨，并执行改善措施	提前下发会议资料，详细检讨并制定改善对策	事务跟进表

在进行会议管理时，会议结束后应输出两个文件：一个是"会议纪要"，"会议纪要"记录的是会议中的重要内容、观点、理念和要求；另一个是"事务跟进表"，它将会议中所有的事务都一一记录下来，明确事务要求、完成标准、责任人及完成时限，以便下次召开会议时先通报事务的完成情况。中高层例会的会议纪要需要张贴到各个部门，让所有员工都了解企业近期的发展方向和要求，从而真正把会议精神传递下去。

企业管理者一定要重视会议管理，因为会议管理是耗费企业管理资源较大的一项管理活动。会议管理做不好，基本可以判定该企业的管理环境是比较糟糕的，员工的执行力是比较欠缺的。高层管理人员的执行力下限就是中层管理人员和员工执行力的上限，正所谓上行下效，过程管理应该先从会议管理开始。

二、过程管理需要目标支持

任何过程管理都需要有目标输入，而不是漫无目的。所有的管理活动都应该围绕目标开展，尤其是企业经营管理，其管理活动主要围绕"人""事"及文化三大方面展开。也就是说通过过程管理，员工的能力、素质不断提升，工作流程、规范、标准不断优化，企业的文化越来越适应企业的发展。

没有围绕"人""事"和文化这三方面进行的管理都是无效过程管理。例如，开会没有决议、没有事务跟进、没有结果验收；现场检查出问题只是解决，没有去做预防、没有去修改标准；要求给员工做宣导培训，没有奖罚；举办的员工活动与企业文化不匹配。

目标贯穿过程管理的每一个环节，因此只有理解每一个过程的目标，才能将过程管理做好。此外，采购部门的管理者必须将采购管理的本质提炼出来，生产部门的管理者必须将生产的本质提炼出来。如果管理者不能深入浅出地将自己的工作本质提炼出来，就很可能出现"盲人摸象"的现象。因此，管理者要有宏观的视角，能够提炼出管理体系之间的深层次关联逻辑，具备提炼出事物本质的能力。

管理是实践的同时也是抽象的，甚至可能是虚构出来的某种意识。因此，管理者要尝试着建立一种模型，如输入输出模型、两维四象限模型等，将工作或者日常生活中一些显而易见的事务纳入其中，哪怕这种模型并不科学，也可以一直去优化它，直到它能覆盖住绝大部分的条件或者结果。此外，企业管理者还要多学习一些理论知识，借鉴前人的经验和做法。

三、过程管理的核心是增值

从"人"的角度出发，增值是通过管理提升员工的能力、素质，包括提升

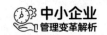
员工的执行力。执行力从来都不是宣导出来的，而是需要通过管理制度约束形成的。员工缺少执行力的原因主要包括以下几点：

①员工不知道为什么要做这件事情——没有目标；

②员工不知道怎么做这件事情——没有流程、没有规范、没有培训；

③员工没有工具做这件事情——没有资源；

④员工不知道好和不好的标准是什么——没有标准；

⑤员工不知道做不好会承担什么后果——没有检查，没有处罚；

⑥员工不知道做好了会有什么好处——没有激励。

员工缺少执行力不仅仅是心态和意识的问题，还包括部门、企业的过程管理存在缺陷。

从"事"的角度出发，增值指的是流程、规范、标准、制度等的优化。在完成流程操作后，对输出结果的评估占据着举足轻重的地位，这恰好对应PDCA循环中的A（行动）阶段。此阶段不仅聚焦于结果是否达标，还深入反思整个流程，尤其是所用方法的有效性，并根据评估结果采取相应措施以优化流程。PDCA循环，即计划（plan）、执行（do）、检查（check）、行动（action），由美国质量管理专家戴明博士提出，因此也被称为"戴明环"。它是全面质量管理的科学程序，不仅适用于质量管理体系，也广泛运用于各类管理工作。

过程管理主要分为标准化管理和非标准化管理两种。标准化管理涵盖流程、规范及标准等。然而，即便是最优的标准化管理也需定期审查，以确保其适应当前的环境和需求。相比之下，非标准化管理灵活多变，需要根据实际情况进行调整。当标准化管理臻至佳境，但流程执行结果仍不尽如人意时，非标准化管理便显得尤为重要。

调整管理力度的策略主要涵盖以下三点：首先，深思熟虑。在调整前，应进行全面的分析和评估，权衡利弊，确保调整的方向和力度恰当、合理。其次，适时调整奖惩力度。在特定情境下，如当流程执行结果与预期严重不符时，可考虑加大处罚力度以遏制不良趋势，并加大奖励力度以激励优秀员工。

但需要注意，这种调整应是短期的，旨在迅速稳定局势。最后，进一步细化和优化管理制度。在初步调整取得一定成效后，应继续细化和优化管理制度，确保其既能有效约束不良行为，又能充分激发员工的积极性和创造力。

过程管理是一个持续优化的过程，管理者需不断关注流程执行的结果及流程本身的有效性，并通过灵活调整管理制度，以确保流程执行能够更好地达到预期甚至超越目标。在过程管理中，企业增值是核心目标，而标准化、流程化、信息化等手段则是实现企业增值的关键工具。通过综合运用这些工具，企业能够提升市场竞争力，实现可持续发展。

综上所述，无论是提升执行力，还是灵活调整管理制度，都可以让企业通过过程管理实现不断增值。

企业实现增值需要有系统的过程方法，如员工要有执行力，以保障工作标准和时间要求等；要有行为约束的机制，以采用差错管理的方式；要让员工自觉遵守规范、标准，建立稽查机制，从而让员工敬畏规则、遵守规则，最终形成自主管理意识；要保障目标实现过程中出现的异常能及时得到处理，并能够将异常进行分段管理，将非常态的工作变成常态的工作；要持续地优化流程、规范、标准等，让员工主动发现问题、提出解决方案，从而达到效率和效果的提升。

第三节
约束机制

制度管理是企业的止退力。止退力实际上就是一种约束力。而差错管理是过程管理中对管理过程进行定性、量化统计分析的一项工具。

企业中有各类制度来规范员工行为。制度执行是有成本的，例如，执行奖惩制度会消耗很多的管理资源。另外，企业需要对过程管理中出现的问题进行定性、定量分析。一方面，判断各类问题出现的频次，采用柏拉图法将最严重的问题列出来并对其进行分析；另一方面，统计企业管理者执行制度的频次，并将其与部门的业绩做关联性分析，得出管理趋势。

根据损失金额，可以将处罚分为三类，如表6-3所示。

表6-3 处罚的类别

类别	范围	备注
差错类	直接损失金额低于100元	覆盖广、便于统计，作为一种管理导向而存在
业务类	直接损失金额大于100元小于1 000元	部门内部的业务制度，如有违反先记差错，再执行部门处罚
听证会类	直接损失金额大于1 000元	公司级问责听证制度，如有违反，先在差错项做记录，再根据听证会的问责制度进行处罚

差错的定义：员工因不遵守公司或部门所有形式的明文规定而发生的过程或结果错误，或是不遵从公司正当管理诉求的行为，以及书面承诺未能完成的事项。

差错的内容：在公共道德（有悖于生活中约定俗成的公德良序）、职业素养、岗位工作、清洁卫生、规范制度等方面所有会给团队造成一定经济或形象损失的行为。

差错是一个统计标的，泛指做得不好的工作行为。可将差错分为行政制度类、6S管理类、违规作业类、违反制度类、事务执行类等方面，以便于统计分析。

管理人员在落实相关制度时会考虑其执行成本的问题。如果处罚金额比较大，则其执行成本会上升，难度更大。为了更好地将过程问题暴露出来，就需要有基层员工具备一定保护作用的制度，以降低执行成本。

差错处罚力度，如表6-4所示。

表6-4　差错处罚力度

职位	作业员/文职人员	班长/专员	主管/工程师	经理/高级工程师	副总经理以上
处罚力度	5元/次	10元/次	50元/次	100元/次	200元/次

所有的差错处罚通过单据来确认时间和事件，并签字确认。同时，差错处罚单不仅允许上级给下级开，也允许下级给上级开，以便在企业内部实现互相监督。当然，该条措施需要根据企业的状况、管理氛围及员工的职业化程度而定。差错记录表，如表6-5所示。

表6-5　差错记录表

差错监督人		监督人职务		填表时间	
差错责任人		责任人工号		所在部门及职务	
发生时间					
事情概述					
处理意见					
差错人签字			部门主管或经理签字		

此表非常适合管理氛围没有形成、需要变革的企业。差错管理其实是一种非常简单、有效的约束机制，帮助企业从小问题开始入手，慢慢优化制度、提高执行程度并形成管理氛围。但这对于职业化程度高或者研发性高的企业不是很适用。

差错名目，如表6-6所示。

表6-6　差错名目

类别	名目
公共道德差错	①随地乱扔垃圾、吐痰
	②随意破坏公司的花草树木
	③无故损坏公司财物（损失金额在100元以下）
	④在禁烟的地方抽烟
	⑤随意浪费食物，不节约用水、用电
	⑥食堂用完餐后，不及时将餐具送到回收处
	⑦用餐时随意插队
职业素养差错	①说脏话、爆粗口，不尊重他人
	②无故顶撞上司，不服从管理
	③工作时间聊天、嬉戏，查阅与工作无关的书籍、浏览与工作无关的网页，包括视频聊天、网上观看电影等
	④下班后，重要文件不及时收起
	⑤未能按时完成工作
	⑥损毁公司广告标语、文字、图卡，张贴的各类通知、公告等
	⑦无故不参加公司组织的各类会议、培训
	⑧不及时处理部门之间联系沟通的工作文件，从而影响工作进度
	⑨对企业文化没有认知
工作差错	因个人工作疏忽，公司经济损失在100元以下
清洁卫生差错	①宿舍物品摆放凌乱，床铺不整洁
	②个人办公桌面物品摆放凌乱、灰尘积压

类别	名目
规范制度差错	①不按规定穿工作服、佩戴厂牌
	②下班不关电脑
	③不按规定停放车辆
	④携带公司物品出入厂区，拒绝保安人员查验

从表6-6中可以看出，企业对员工最基本的要求是非常零散的。从这些零散的大部分人能做到的项目切入，让员工形成敬畏之心、改变固有思维、养成良好的行为习惯。企业的最高领导可以先分阶段、定期聚焦一类问题进行解决，等这类问题得到控制后，再上升到其他要求。此外，在管理过程中，要灵活调节管理强度，一方面，要让管理者理解它的价值，另一方面，要让员工能接受这些要求，并让他们看到改变后的效果，从而坚定变革的信念。

第四节
分级稽查体系

企业的分级稽查制度是基于企业的规模、所属行业的特性及可能涉及的税务风险等多方面制定的。将税务稽查工作细分为多个层次，旨在实施更为精确、高效的税务监管策略。这一制度的实施旨在提升员工的自我约束与管理能力，并全面提高企业的整体运营效能及管理水平。

在产品制造过程中，达到既定的良品率目标是至关重要的，它直接关系着产品的品质和企业的经济效益。为此，企业需要根据市场发展趋势和行业竞争态势，科学、合理地设定良品率目标，从而在满足消费者需求的同时，确保自身的市场竞争力。企业在设定良品率目标时，应充分考虑自身的生产能力与技术实力，确保所设定的良品率目标是可实现的。同时，为了提升生产效率和产品品质，企业应积极引进先进的生产设备，并定期对设备进行维护与保养，确保设备始终处于最佳运行状态，避免因设备故障导致的良品率下降。需要注意的是，员工素质的提升也是提高良品率的关键。企业应加强对员工的培训与教育，提高员工的操作技能水平，鼓励员工积极参与技能提升和知识更新活动，不断提升员工素质。此外，企业应对生产流程进行深入分析，剔除生产过程中的冗余环节，减少浪费，并引入精益生产等先进管理理念，进一步提升生产效率和良品率。为了确保生产过程中的品质控制，企业应建立完善的质量检测体系，对生产的关键环节进行实时的监控与检测，对不合格的产品进行及时处理与分析，追溯问题根源并采取有效措施加以改进。因此，要实现良品率目标，规范作业是不可或缺的。规范作业不仅是确保产品质量的基石，更是提升企业整体运营效率和管理水平的关键所在。

为了推行规范作业，企业通常会制定岗位的标准作业手册。标准作业手册是针对特定岗位的工作活动而精心制定的文件，它详尽地阐述了该岗位的工作流程、操作步骤、安全准则及质量要求，为操作者提供了清晰明确的参考，旨在确保操作流程的规范化和高效性。岗位标准作业手册通过标准化的操作流程和步骤，能够显著降低错误率和减少重复劳动，从而提升工作效率，让员工迅速且准确地完成任务。为了防范违规行为可能引发的设备故障、质量问题和成本超支，企业管理者常常在质量部设立控制过程质量控制（in-process quality control, IPQC）岗位，由其负责对产品进行质量监控和检验。IPQC 岗位人员依据质量控制计划，对关键工序的控制点进行有序检查，以确保产品的质量达标。然而，IPQC 岗位人员的检查并不能覆盖企业生产的所有工序。因此，企业管理者主动介入对员工规范作业的管理至关重要，能够确保员工遵循标准作业手册进行操作。

在企业进行员工规范作业管理的过程中，需要三个杠杆来打破这种利害关系的平衡：一是员工被其他部门检查出来问题的数量会影响他的利益；二是在日清管理和改善管理中将检查问题作为管理者日常管理的要求，也就是说，管理者必须每日检查、发现和解决问题；三是本部门的违规作业越少越好，以降低成本、提高绩效水平。

在这三个杠杆中，第一个就需要由秉公执法的 IPQC 岗位人员或者上一级的人员，如经理、总监或副总经理来检查。在稽查体系中，运营管理部会设置稽查专业的岗位。一旦运营管理部检查出某类问题超过三个，就会对这些高级管理者、质量部的主管及 IPQC 负责人进行处罚，这样倒逼各级干部完善规范或者优化作业流程甚至优化工艺等。此外，生产部门内部会对从来没违规作业的员工进行表彰，并给其团队加分。以上一系列的管理措施可以让员工形成自检自查、自主管理的意识。整个过程管理其实就是责任管理＋稽查管理＋改善管理的体现，是企业员工素质不断提升的保障。

一个企业要想朝自主管理的方向发展，不仅需要生产部门按此过程管理来执行，还需要企业中的每一个部门都按这一套过程管理体系来执行，从而实现全员自主管理。

综上所述，构建分级稽查体系的目的是打造一个员工自我管理的体系，具体有两个方法去实现，一个是通过企业的管理制度去约束，另一个是通过企业的激励制度去激励。接下来，用几个小故事来阐述。

在《西游记》中，孙悟空在刚开始时猴性十足，不服从唐僧的管教。于是，观音菩萨就在他的头上套上了一个紧箍，一旦孙悟空不服从管教，唐僧就可以念紧箍咒，让孙悟空疼痛难忍。当唐僧师徒取得真经后，到西天如来佛祖面前论功行赏，此时，孙悟空请求佛祖去除他头上的紧箍。佛祖道："当时只为你难管，故以此法制之。今你已成佛，自然去矣，岂有还在你头上之理？你摸摸看。"孙悟空一摸头上，紧箍果然消失了。

孙悟空的紧箍真的没有了吗？那个紧箍还在，只是从有形变成了无形，从束缚肉体变成了束缚思想。那个紧箍的作用是规范孙悟空的行为，从而使其遵守行为准则与规章制度。孙悟空在去西天的路上，反复受到该制度的制约，后来，他对这些行为规范已经习以为常了，并且把那些约束行为的制度变成了潜意识的行动指南，最终修成了正果。

企业管理也是一样。有形的是制度，无形的是员工的职业化程度、遵守规章制度的意愿及自觉性。员工所有的行为背后都有思考逻辑，这种思考逻辑的变化就是职业化程度的变化及企业文化在员工脑子里映射的变化。当每位员工都能遵守制度时，制度其实就没有太多实际意义了。

心理学家把三只猴子关在一个中央挂着一串香蕉的笼子里，并且设定了一个规则：一只猴子去拿香蕉时，另外两只猴子就会被电击。很快，猴子们就知道了，拿香蕉是一个会给其他猴子带来麻烦的行为。所以，只要有一只猴子试图去拿香蕉，另外两只猴子就会制止它。

当三只猴子都知道这一规则的时候，心理学家用一只新猴子来替换其中一只老猴子。这时候，新猴子一旦去拿笼子中央的香蕉，两只老猴子就会制止它，即使已经没有电击惩罚。新猴子很快意识到"拿香蕉是一种禁忌"。周而复始，一只只新猴子被放进来，替换以前的老猴子，猴子换了一拨又一拨，但香蕉不可以拿的"习俗"却始终在猴子群体当中被保留了下来。

在企业中，新员工会根据老员工的行为而规范自己的行为。因此，企业管理的氛围和制度执行对员工思维和行为的形成是非常重要的。

早在战国时期，法家便主张以法治吏，强调"明主治吏不治民"。法家的代表人物管仲认为"治国有三本"，其核心在于吏治，主张设立专司，以法纠察官吏的不法行为，保证官僚机构的正常运行，稳固君主的权威地位，为建立独立和有效的监察机构提供理论依据。这一时期已经出现御史一职，其职责包括：随侍君主左右，负责记言记事、掌管法令图籍；负责记录将士的作战表现，并以之作为奖惩的依据。御史的监察对象不限于中央官员，魏、韩、秦等国相继在郡县地方机构设置御史，以加强对地方官吏的监察。战国时期，在法制大潮涌动的背景下，监察法已出现。后来，唐朝御史台专门为皇帝监督官员。御史是皇帝的耳目，直接对皇帝负责，甚至可"代天子巡狩"。唐朝御史台分三院：台院（专门纠弹中央百官）、殿院（巡视宫禁京城）、察院（分道巡按州县）。中国古代的监察制度体现了法治的思想，可供企业管理者借鉴。

一、设计分级稽查体系

在企业管理中，只有构建分级稽查的管理体系，才能让中基层管理者遵守制度。

企业的经营活动是由基层员工按照一定的管理要求开展的。企业中有大量的管理要求、管理规范及作业标准，如果员工随意违反，那将会形成一种极其混乱的风气；如果员工能自我管理、自我检查，则企业生产的产品、服务的质量和成本都会更加可控。那么，如何让员工按照制度要求作业呢？最重要的是利益，也就是让员工知道做好了有好处、做坏了有惩罚。这就要求企业制定相关制度并进行检查，并根据检查结果进行奖惩。此外，企业要让员工认同企业文化彰显出来的价值观。因为企业文化的形成是从基础管理阶段过渡过来的，尤其是企业文化中的制度文化是经过管理过程锻造出来的。

因此，在分级稽查过程中，我们除了要设计一些检查要求，还要设计具备监督稽查职能的部门或岗位。基层管理者如果不想因被监督部门及上司检查出问题而受罚的话，就要在其工作职责内去教育、培训员工。

由此可见，基层管理者的检查动机和监督部门的检查动机也就自然形成了，那就是一级稽查会对他们进行问责。这样压力就一级一级传导到每一位员工身上。久而久之，员工就会通过这个机制形成无形的职业素养及自我管理能力。在设计分级稽查体系时，前期可以对所有的管理者进行要求，每天必须在现场巡查，填写稽查记录表，并按照固定格式提交给运营管理部，后续根据执行的情况再调整，此项要求至少坚持10个月。分级稽查表，如表6-7所示。

表6-7中的放大系数指的是相比于一级稽查的次数可以实现该级检查次数的放大倍数。当然，这个放大系数只是一个理想概念，具体能实现多少还得根据实际情况而定。

表6-7 分级稽查表

稽查级别	稽查人员	稽查频次	对应处理	放大系数
一级稽查	总经理或其代理人	每周一次	同一问题一个月内出现两次,处罚运营管理部经理及副总经理	1
二级检查	运营管理部稽查人员、夜班巡查人员、副总经理	每周三次	同一问题一个月内出现三次,处罚责任部门经理及监督部门经理	30
三级稽查	经理级人员,监督部门,如质量部、行政部人员	每天	员工出现问题执行问责,同一问题出现三次处罚班长、十次处罚主管、十五次处罚经理、三十次处罚副总经理	300
四级自查	部门内部自检自查	每时每刻	每天自检自查	3 000

图6-4不仅呈现了这种系数放大的作用,也呈现了四级自查的齿轮中嵌套了三级的稽查。每个部门稽查的结果需要每周上报到行政部门进行统计分析。只有每个部门自己建立稽查体系并与公司的稽查体系对接好,整个企业的稽查体系才能有效运作,才能实现员工自主管理的目标。

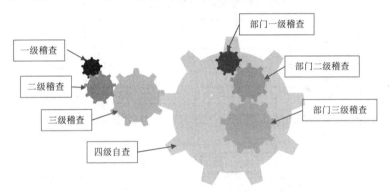

图 6-4 分级稽查示意图

图6-5更加具象地呈现了稽查体系的问责逻辑。处罚阈值、标准是根据各个企业的情况和所处的阶段,由企业管理者设定的,不是一成不变的。总经理制订稽查计划并公布。若总经理精力不允许,也可以选择合适的代理人。公布这个稽查计划的目的其实就是在传导一种无形的压力。随着管理变革的进行,可以调整稽查计划,如减少频次或委托代理人。此外,一些企业也可以组织管理者以轮流排班的方式进行夜班巡查,夜班巡查属于企业的二级稽查,因此,夜班巡查非常

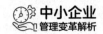
有必要，不仅可以起到警示作用，也可以帮助管理者反思自己部门的问题。

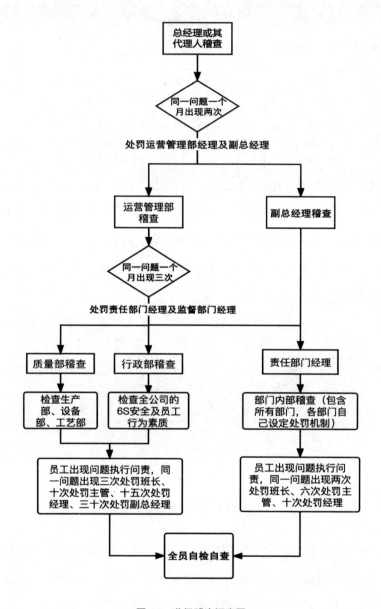

图6-5　分级稽查问责图

如果没有新的管理要求和创新组织，那么企业就会越来越趋向松散并逐渐处于混乱状态；如果管理体系中没有人不断对管理系统做功的话，那么管理体系必然会瓦解。

因此，要让员工形成自主管理的意识和行为，让员工逐渐养成自检自查的习惯，从而不断提高其职业化程度。随着员工职业化程度的提高，管理的资源就可以调配一部分到其他领域，管理体系的执行效果就会越来越好。这就要求高级管理者能够每周调整出10%～20%的时间维护整个过程管理体系。

二、分析过程管理趋势

如果是公司级别的检查，如总经理或其代理人稽查、运营管理部稽查以及行政部稽查、质量部稽查等检查出很多问题，那么该部门领导的管理能力是需要被怀疑的，其执行力系数需要重新计算。

执行力系数 = 管理者检查出问题点数 / 监督部门检查出问题点数

执行力系数越小，则代表执行力越低。执行力系数可以很好地甄别那种没有作为的管理人员。

对二级稽查部门中的运营管理部作重点说明：该部门需要根据每周、每月的运营数据及时调整关注点并制订稽查计划，有节奏地推进管理，让管理体系的形成有理、有序、有节。

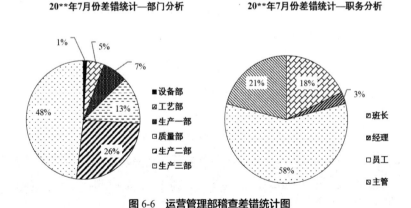

图 6-6　运营管理部稽查差错统计图

该部门可以招聘一位专职的稽查人员，检查的标准和检查的流程必须统一，并将检查的结果公布至公司各部门。图6-6为运营管理部公开的稽查结果

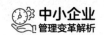

示例。

经理级检查出问题点数，如图6-7所示。

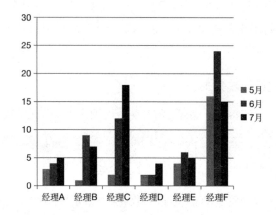

图 6-7　经理级检查出问题点数

注：经理 A 为质量部管理者、经理 B 为生产一部管理者、经理 C 为生产二部管理者、
经理 D 为生产三部管理者、经理 E 为工艺部管理者、经理 F 为设备部管理者。

根据图6-6、图6-7的数据做一个分析：

生产三部被查出的问题最多，该部门经理 D 检查出的问题数最少，其执行力系数最小，因此该部门经理 D 的管理执行力就相对最差。如果长期统计这些数据确实可以比较好地反映问题。

上面这些是行政部统计的数据，聚焦在管理执行力呈现上。但是，落实到部门的时候，就应该更加细致地统计数据和区分问题。

表6-8　稽查问题点数统计表

部门	汇总	20** 年9月份稽查事项类别										
		6S问题	违规作业	质量事故	违纪	设备异常	首检／自检失效	记录管理缺失	流程异常	工艺异常	环境异常	其他
生产一部	40	1	1	1	2	5	5	7	5	0	0	13
生产二部	40	0	10	0	3	1	10	8	1	0	2	5
生产三部	136	18	2	9	5	45	13	12	8	1	9	14
生产四部	436	81	57	14	4	53	99	29	42	11	6	40

部门	汇总	20** 年9月份稽查事项类别										
		6S 问题	违规 作业	质量 事故	违纪	设备 异常	首检 / 自 检失效	记录管 理缺失	流程 异常	工艺 异常	环境 异常	其他
设备部	45	19	3	1	1	0	0	15	5	0	0	1
质量部	222	31	7	5	11	11	51	19	50	7	13	17
工艺部	48	3	1	0	0	0	3	12	1	2	2	23
采购部	11	4	0	0	1	3	0	1	0	0	0	2
物控部	23	1	0	0	0	0	0	0	6	0	1	15
总计	1001	158	81	30	28	118	181	103	118	21	33	130

表6-8是一个月内公司各部门所有被稽查的问题点统计。对稽查问题点进行分析，用每个部门的总问题点数除以部门的人数就得出人均问题点数。人均问题点数可以作为绩效考核中对管理过程评价的重要指标。

以上是一个汇总的数据分析，反映的是部门之间及异常类别的信息。表6-9为质量巡查问题点数统计：

表6-9 质量巡查问题点数统计

日期	班组	异常描述	关键字	异常 频次	主管 确认	责任人	巡查人
20**/7/1	C 班	8号机晶拖槽表面有残胶未清理干净	晶棒 不合格	11	杨 **	宋 **	崔 **
20**/7/1	C 班	18号机下棒时，踏板残留砂浆过多未及时清理	下机检查 不合格	80	杨 **	宋 **	倪 **
20**/7/1	C 班	设备运行至53.3%时，发现砂浆大缸砂浆管道卡扣未扣好	切割过程 异常	46	杨 **	张 **	倪 **
20**/7/1	A 班	设备运行至2.6%时，发现砂浆大缸卡扣未扣好	切割过程 异常	46	赵 **	张 **	赵 **
20**/7/1	A 班	设备运行至17.8%时，砂浆缸底部溢流砂浆	切割过程 异常	46	赵 **	朱 **	姬 **
20**/7/1	A 班	13号机台旁边发现晶槽内有碎硅片未清理干净	晶棒 不合格	11	赵 **	贾 **	姬 **
20**/7/2	B 班	切割过程中砂浆桶堵塞，导致砂浆溢流	切割过程 异常	46	张 **	黄 **	王 **
20**/7/2	B 班	设备运行至116.6 mm时发现，台速线速与工艺卡不符，实际使用的是400、12.2，工艺卡为430、13.2	工艺异常	11	张 **	刘 **	王 **

表6-9只是巡查记录表的一部分。每天都有质量部的巡查人员检查、记录。质量部会记录问题点和责任人，同时统计问题点发生的频次，并要求主管确认。同一问题累积超过一定次数，主管会被问责记差错，再超过一定次数经理会被问责记差错。通过这个统计，主管、经理可以很快速地认识到问题所在，并可以在内部自检、自查时进行宣导教育。

图6-8为部门问题点分类。针对质量部巡查出来的问题点，生产部应该制定对应的问责机制，倒逼员工改变自己的行为和思维。同样，生产管理部门的管理者也需要对反复出现的问题承担管理失效的责任。在管理过程中，管理者应从早会宣导、现场教育、现场巡查、案例通报、修订制度、处罚员工等各项管理活动中规避问题，达到使员工从思想上接受规范作业、在行为上遵守规范作业的要求的目的。通过质量部巡查结

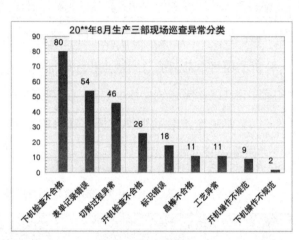

图 6-8　部门问题点分类

合部门内部稽查，形成生产部自己的稽查体系，并合理地将其嵌套进公司的稽查体系中。现场的管理者应该把所有的问题点张贴出来，并公开问题描述、责任人、整改措施、处罚情况等，这样便于达到教育员工的目的。

同样的问题点在一个班组或者部门出现的频次达到一定值后，就会自动对上一级的管理者进行处罚，这个机制可以有效地让管理者关注自己的团队屡次出现的问题和那些屡教不改的员工。这都为复杂的管理过程提供了清晰的数据透视。

图6-9为质量巡查体系与内部稽查体系。

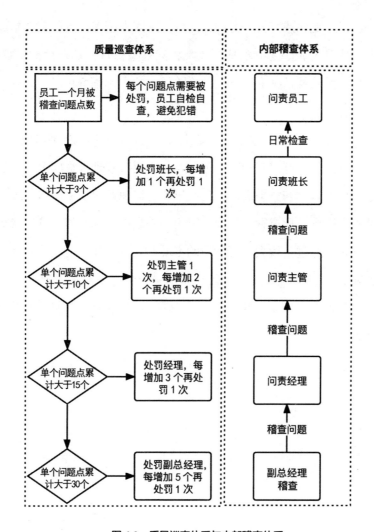

图 6-9　质量巡查体系与内部稽查体系

当然，检查人员在面对员工的时候会有非常大的压力。

这些巡查人员每天的工作任务就是发现问题，拍照记录，并跟班组长、主管等确认。有人会觉得这样就会出现为了发现问题而发现问题，说实话，这是不可避免的。早期就是采取这样的方式发现问题、解决问题。同时，质量部的主管和经理也会参与日常稽查，如果巡查人员没有做好巡查工作也会被问责。这个阶段需要3～6个月。

这个阶段过后，问题发生的频次一定会减少，一方面可能是因为确实问题少了，员工工作更加规范了，另一方面可能是因为巡查人员没有开始那么积极了，甚至跟生产班长、主管达成了默契，只是象征性、选择性地暴露问题。这个阶段需要做的就是减少巡查人员的数量，并进行竞争轮岗，开启新一轮更有深度的问题巡查。

经历几轮的调整优化，员工自检自查、自主管理的形式逐渐出现。

整个稽查体系能有成效的一个重点是一定要对管理人员问责。通过这种机制倒逼他们打破既有利弊平衡，给他们压力，让他们敢于去严格管理员工，逼他们突破固有思维，形成管理魄力。因为结果是不会骗人的，管理者需要经历这些思维挑战，通过实践去理解管理的本质。只有这样，他们才能知道怎样构建管理体系，才能承担更多的责任。如果一个干部没有犯过错、没有被处罚过，那一定是难以担当大任的。犯错不可怕，可怕的是一直犯一些低级错误，没办法突破。

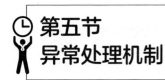

第五节
异常处理机制

对大部分制造企业来说，所有的问题最终都会在生产线暴露，如影响交期、不良率上升、成本增加等。这些问题很可能是因为部门间协调失效而产生的。

整个生产活动是一个复杂的过程，如图6-10所示，在这个过程中的输入很可能是很多部门的输出。因此，需要对这个复杂的过程进行分析，尤其是在出现问题的时候，以便及时有效地解决问题，以达到预期的效果。

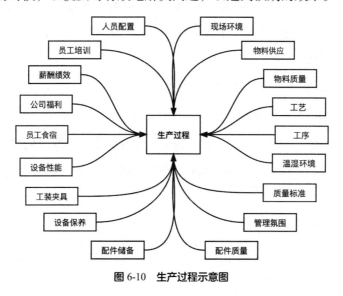

图 6-10　生产过程示意图

通常，可以将生产输出端的异常分为三大类，即计划异常、质量异常、成本异常，如表6-10所示。

表6-10　生产输出端的异常

异常类型	可能的原因	相关部门
计划异常	人员配置不到位、设备保障缺失、物料来料不及时、生产周期标准工时不合理等	人力资源部、设备部、采购部、工艺部等
质量异常	物料来料异常、设备异常、环境异常、人员作业不规范等	采购部、设备部、工艺部等
成本异常	人员配置低、作业效率低、返工率高、不良率高、设备异常、采购材料价格偏高等	工艺部、设备部、采购部等

例如，生产部计划今天要生产1 000个产品，但是只完成500个产品，未能完成计划。运营管理部召开会议，询问未能完成计划的原因。生产部说："有一台机器坏了，设备部没能及时修理，影响了一半的产能。"设备部辩解道："修了，也换了几次配件，结果配件质量都不达标，这个应该问采购部，怎么配件质量这么差。"采购部辩解道："以前也没有听说过这个问题，一直是这家供应商，供应商也是经过你们确认的。"这样的事情经常发生。

如果没有这样的每日目标完成检讨会议，这些问题就很难及时暴露出来，因为暴露这些问题是需要成本的。因此，企业管理体系中一定要有能够将问题及时暴露出来的机制，否则企业的责任体系就会缺失、目标管理就难以落实，持续改善的动能就会缺失。

在企业中，所有管理者都将精力聚焦在目标完成上，并围绕着目标完成形成责任明确的倒逼机制是一个可行的策略。因此，建立一套以目标完成为目的、以过程管理为基础的异常处理机制是非常有必要的。这种机制从生产端倒逼价值链的每一个环节不断优化各部门的管理制度，使所有部门在一个平面上提升。

表6-11为异常管理分级表。

表6-11　异常管理分级表

异常级别	定义	对应处理	举例
重大异常	对经营目标完成产生重大影响的异常，该类问题要么属于多部门协同问题，要么属于重大的管理缺失，如果被忽视可能造成严重的后果	该类异常需要各部门各自提交《事故报告单》，并由运营管理部统一进行调查与问责，并召开分析会议（事故听证会）	a. 生产过程、工作过程中发生异常造成公司直接经济损失金额超过5 000元； b. 产品销售异常超过一个月； c. 在制程中当日产品质量指标低于质量目标4%； d. 产品质量持续出现异常且未改善（一周内持续低于质量目标）； e. 客户投诉批量异常或客户批量退货； f. 在作业过程中，异常事故造成人员伤亡； ……
关键异常	日常生产经营过程中出现的质量异常、设备异常及作业异常等	该类异常由质量部开具《品质异常处理流程单》，并由责任部门回复改善措施	a. 生产过程、工作过程中发生异常造成公司直接经济损失金额超过500元低于5 000元； b. 在制程中当日产品质量指标低于质量目标2%； c. 3天内持续低于质量目标； d. 来料产生批次不良，导致工作效率和质量降低； e. 日常稽查中同样的问题连续出现3次且同一责任人未有任何整改； ……
一般异常	该类异常与无差错的管理制度和稽查体系相结合，都属于规范类和行为类异常	此类异常由责任人开具《异常改善流程单》，并由责任人或分管领导签字确认后，交予监督部门（质量部或者行政部）	a. 工作无管理流程、管理规范、标准要求； b. 违反管理流程、管理规范、标准要求； c. 记录表单填写错误、不完整、不规范； d. 日常6S问题点影响工作效率与成果； e. 管理流程与执行存在疏、漏、缺现象； ……

一、异常分类

①计划异常：因生产计划无法完成或管理安排失误等导致的异常。

②物料异常：因物料供应不及时（断料）、物料品质问题等导致的异常。

③设备异常：因设备故障导致的异常。

④品质异常：因产品制作过程中出现问题导致的异常。

⑤工艺异常：因产品设计或其他技术问题导致的异常。

⑥管理异常：因无管理流程、管理标准、作业要求或违反公司管理流程、

管理标准、作业要求等导致的异常。

⑦其他异常：非人为因素导致的异常。

图6-11为异常处理流程图。

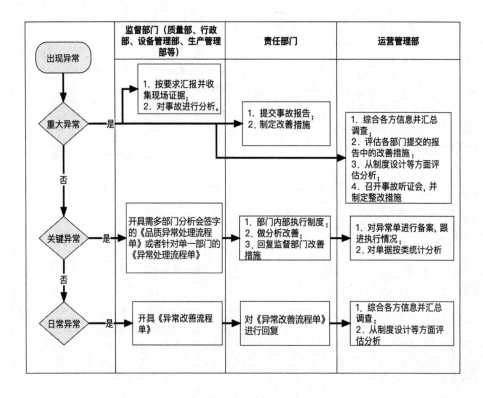

图 6-11 异常处理流程图

二、异常处理

异常处理需要采取"三现"原则，即现场原则、现实原则、现物原则。无论是大问题，还是小问题，一旦出现，需要第一时间去处理，否则容易出现"破窗效应"。例如，灯管坏了、门把手坏了之类的小问题。灯光不够，肯定影响现场作业；门把手坏了，如果不及时修，就会给员工一种管理低效的心理暗示。

所谓"亮灯管理"，指的是生产线上某台设备或者产品制程出现问题就亮灯，相关管理人员必须第一时间来处理。流水线的设计会有这种逼迫效应，但如果是工作站的模式，问题的冗余度就大了，因为在工作站中，一般问题不能及时暴露。问题一旦暴露，也需要及时处理，同样可以采用亮灯预警的模式。表6-12为流水线异常管理。

表6-12　流水线异常管理

异常时间	处理人员	处理方式
停产10分钟（个别设备异常）	班组长级别	责任部门主导，相关人员现场会议解决，2小时内未处理完成的需要上报总经理，做好相关责任归属的记录，进行问责
停产30分钟（3台以上设备异常）	经理级别	
停产1小时（8台以上设备异常）	副总经理级别	
停产2小时（10台以上设备异常）	总经理级别	

作为制造企业，其经营目标与产出有关，由于每日计划影响交期、质量、成本，因此每日目标完成情况都需要总结，以把前面24小时的问题及时暴露出来，对长期不能解决的问题及时处理。这样的会议可以倒逼各部门做好服务生产的工作，并减少生产管理部门完不成目标的借口。将问题公开化处理是最高效的处理方法。当然，这也需要根据企业的状态和所处的阶段来决定检讨会召开的频次和时间。如果企业处于变革阶段，问题很多，则建议检讨会每日召开，一次30～60分钟；如果是比较成熟的企业，流程清晰、机制明确，则检讨会可以一周开一次。

召开检讨会的目的是及时处理各部门的问题，使各部门明确工作的目标和工作输出的价值；其原则是找到未能完成目标的原因，并追踪到责任部门和责任人。很多企业的生产部门很弱势，是因为其不仅有产出的考核，而且管理难度大。服务部门，如人事部、采购部、设备部、工艺部等部门如果不能明确其责任归属的话，则会松散无序、漏洞百出、效率低下、人浮于事。因此，必须从绩效制度、管理制度等方面明确服务部门的工作职责和管理要求，并将有产出性的指标作为部门考核指标，以推动服务生产经营目标的完成。生产目标完成每日检讨流程，如图6-12所示。

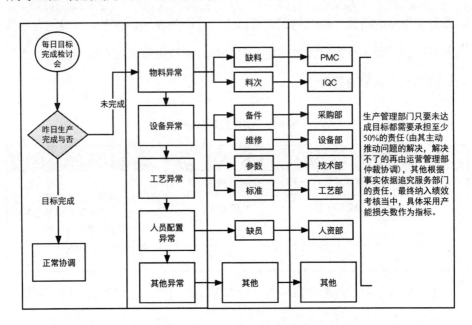

图 6-12 生产目标完成每日检讨流程

从问题出现倒逼责任归属，可以将经营目标通过实际产出传递给各个部门。当然，也要避免生产管理部门因此推卸责任、掩盖自身管理问题的现象出现。对制造企业来说，生产部门的管理人员应具备协调的能力，推动能力差、意志不够坚定、内心不够强大是不适合做制造企业生产部门的管理人员的。只要目标没有完成，负责产出的部门是第一责任，至少承担50%的责任。这相当于给出一个导向：事情先处理，责任后追究，从而避免事后扯皮。如果人员不够，就提前找人力资源部门协调；如果设备异常，就要求设备部门及时维修；如果物料有问题，就提出来现场确认及时调换。所有事后的指责都是生产部门管理者无能的表现，因为异常处理机制已经给了他们处理异常事务的权限。

如果没有这种公开的倒逼问责机制，企业可能会出现贪腐现象。例如，一些企业物料的质量管理混乱，有些供应商送样的产品合格，但是到后面出现以次充好的情况，最终导致生产线效率低下、质量问题频发。一般来说，物料属于消耗品，使用过后就无法复原追溯，而且检测的数据很难完全反映该物料的质量。这导致生产部门苦不堪言，产品良率因为物料批次经常波动。如果没有机制去逼迫生产部门的管理者承担质量异常的责任，那么他们肯定是采取息事宁人的态度，不愿意暴露问题，这样损失的一定是企业。

第六节
听证会制度

制造企业总是会出现各种各样的问题，尤其是一些重大事故。重大事故的发生往往是因为系统性管理的缺失。"海恩法则"这样表述：每一起严重事故的背后，必然有29次轻微事故和300起未遂先兆，以及1 000起事故隐患。要想消除这一起严重事故，就必须把这1 000起事故隐患控制住。因此，如何避免这类问题频发是一个重要的管理课题，需要在问题预防、制度完善、作业规范、检查机制、员工执行等方面系统地去落实。笔者在职业生涯的第一家企业担任总监的时候，老板的理念是所有的事故都是管理人员的责任，主张管理人员承担80%以上的责任，员工承担20%以下的责任。开始效果很明显，生产事故减少了。一段时间之后，奇怪的现象发生了，生产事故开始频发。究其原因，发现只要出现问题，班组长、经理就要承担主要责任，这导致他们对员工的要求越来越苛刻，对员工的处罚越来越重，使得员工开始出现逆反心理，甚至有些员工开始故意制造事故，因为一旦进入听证会程序就是上级作为主要处罚对象。

后来，笔者申请调整一下制度。一方面，管理人员需要不断完善部门的制度建设、管理要求、作业规范，在员工的教育培训上下功夫，如果以上没有做到位则是管理人员的责任；另一方面，员工主动遵守制度，一旦违反，经过判定，将由员工承担主要责任。这样调整后，可以清晰界定是员工的责任还是管理人员的责任，从而帮助员工养成自律自检的好习惯，以避免出现重大事故被重罚。

听证会问责流程，如图6-13所示。

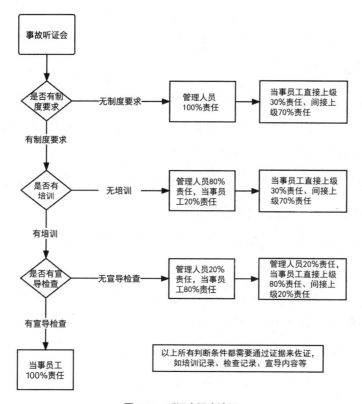

图 6-13　**听证会问责流程**

这样一调整，事故越来越少了，现场的管理氛围形成了。

每一次重大事故听证会都需要形成记录，将责任归属的处罚明细全公司发文公布，对应的改善点，如制度的完善、规范的制定等工作需要运营管理部验收。下面是《重大事故听证会管理制度》，供读者参考。

重大事故听证会管理制度

1.0 目的

为了规范生产安全事故的报告和调查处理，落实生产安全事故责任追究制度，防止和减少生产安全事故，根据《中华人民共和国安全生产法》和有关法律、公司有关制度，制定本管理制度。

2.0 范围与定义

适用于经济损失超过3 000元或造成3人以下重伤的生产安全事故（不包括死亡事故）处理，对事故的报告、事故的调查、事故的分析、责任核实（答辩）及听证会的召开、事故的裁决等工作的管理。

3.0 职责

3.1 事故受损方负责提报《事故报告书》，在听证会上作出申诉，并陈述事故事实情况。生产质量事故由质量部提报陈述，工伤事故由行政部提报陈述，以此类推。

3.2 事故责任部门、责任人负责事故的及时上报和陈述事故事实情况。

3.3 事故见证人负责陈述事故事实情况。

3.4 技术部、质量部、设备部负责在涉及相关专业领域对事故事实展开分析，并对事故损失作出评估。

3.5 运营管理部负责事故听证会的召开。

3.6 运营管理部对听证会情况进行记录。

3.7 总经理（或由总经理指定人员）主持会议。

3.8 三人以上评审小组负责事故相关事实和责任的认定，并对事故的处理作出裁决。

4.0 内容

4.1 事故的报告，由事故责任部门、事故关联部门及受损方各自提报。

4.1.1 事故发生后，立即口头报告部门经理、运营管理部分管领导等，相关人员到现场取证、处理，查清事故原因及经济损失。

4.1.2 事故责任部门、事故受损部门在对现场进行调查处理后，24小时内提报《事故报告书》，经部门经理签字交运营管理部分管领导处。

4.1.3 运营管理部接到相关部门的《事故报告书》后，进行事故问询调查、取证、损失评估，对达到召开听证会要求的提请总经理召开事故听证会。

4.2 听证会召开条件

凡发生经初步认定经济损失超过3 000元或造成人员重伤的安全生产事故，在调查事实与责任清楚的情况下直接按规定处理结案，当事故有分歧、责任不明时由运营管理部组织，总经理（或由总经理指定人员）主持召开事故听证会。

4.3 确定与会人员、听证会召开的时间和地点

4.3.1 与会人员包括事故责任人、事故见证人、事故责任部门相关领导、运营管理部相关人员、与事故无直接关联的三名部门负责人或技术专家；

4.3.2 涉及工艺技术、品质和设备等相关问题时，还应要求技术部、质量部和设备部相关人员参加；

4.3.3 由总经理、运营管理部相关人员、与事故无直接关联的2名高管或技术专家组成评审小组。

4.3.4 确定听证会召开的时间、地点，并通知与会人员。

4.4 听证会召开流程

4.4.1 事故陈述方，即受损方（人）负责对事故损失提出申诉，陈述有关事故事实情况及受损情况。书面报告中需包括受损物件、人员的基本情况，相关证据和依据（如作业指导书、联络单、报表、生产记录等），以及其他相关的资料。书面报告中的相关人员须经手写签名确认。

4.4.2 事故见证人、相关人员补充说明事故的经过和事故相关情况。

4.4.3 事故责任人负责陈述事故经过及事故现场相关情况，并提交经手写签名的书面报告。书面报告中需包括事故发生的时间，事故人员的基本情况（姓名、工号、入职日期、职务），事故发生的经过，相关证据和依据（如作业指导书、联络单、生产记录等），以及其他相关的资料，资料中的相关人员需经手写签名确认。

4.4.4 事故调查人员负责陈述事故的现场调查情况，从安全技术层面对事故补充发表分析意见。调查报告需包括事故发生的时间、地点、经过，经相关部门评估的损失情况，事故发生的原因分析及其他相关内容。

4.4.5 技术部、质量部、设备部对涉及自身专业领域的内容进行询问和补充发表分析意见。

4.4.6 事故评估人员负责陈述事故损失的调查评估情况。

4.4.7 当事人进行答辩。

4.4.8 评审组询问。

4.4.9 评审组讨论审议并形成结论。

4.5 结论内容

4.5.1 事故原因认定和责任认定。

4.5.2 整改措施认定，要求当事单位和相关部门按照整改措施，三日内形成具体的整改方案提交运营管理部，并落实到责任人，按期整改。

4.5.3 运营管理部对整改实施进度和效果进行跟踪，在周例会上报告进度。

4.5.4 一个月后，由运营管理部对整改结果进行复查，并进行评估。

4.5.5 在周例会上公布执行情况。

4.5.6 组织事故相关人员进行学习。

4.5.7 结案文件归档处理。

4.5.8 运营管理部依据《事故裁定书》进行处罚（开处罚单），月度整理汇总交财务。

4.6 处罚标准

4.6.1 经济损失超过15万元（含15万元）低于30万元的事故，对事故责任人处以5 000元罚款（其中，第一责任人承担处罚的80%，第二责任人承担处罚的20%），关联分管主管罚款3 000元，分管经理罚款5 000元，分管副总经理罚款8 000元，总经理罚款20 000元。

4.6.2 经济损失超过10万元（含10万元）低于15万元的事故，对事故责任人处以3 000元罚款（其中，第一责任人承担处罚的80%，第二责任人承担处罚的20%），关联责任人罚款2 000元，分管经理罚款3 000元，分管副总经理罚款5 000元。

4.6.3 经济损失超过5万元（含5万元）低于10万元的事故，对事故责任人处以2 000元罚款（其中，第一责任人承担处罚的80%，第二责任人承担处罚的20%），关联责任主管罚款1 500元，分管经理罚款2 000元。

4.6.4 经济损失超过1万元（含1万元）低于5万元的事故，对事故责任人处以1 200元罚款（其中，第一责任人承担处罚的80%，第二责任人承担处罚的20%），关联责任主管罚款800元。

4.6.5 经济损失超过3 000元（含3 000元）低于1万元的事故，对事故责任人处以800元罚款（其中，第一责任人承担处罚的80%，第二责任人承担处罚的20%）。

4.6.6 对于违反公司相关规定导致事故发生的人员，除进行经济处罚外，还要按照公司的奖惩制度追加相应的行政处罚，违反国家法律法规的，移交司法机关进行处理。

4.6.7 事故发生隐瞒（72小时内），不交《事故报告书》的，对相关责任人按照以上条款的2倍金额进行处罚。

4.7 责任区分

4.7.1 事故的直接原因属管理漏洞，无标准、无流程、无制度/规范要求、有文件无培训（无记录可追溯）的部门经理为第一责任人，下级管理者为第二责任人。

4.7.2 事故的直接原因属执行不力，有文件要求未执行又无检查记录的直接管理与直接监控者为第一责任人，作业人员为第二责任人。

4.7.3 事故的直接原因属违反流程、标准要求，直接作业人员为第一责任人，监督检查人员为第二责任人。

4.8 责任落实

事故经调查，确认事故原因清晰、责任清楚、整改措施明确、经济损失核算无异议的直接进入4.6与4.7的流程；对损失相对较小但具有较大影响的事故，运营管理部跟进预防措施的落实。

在建立稽查体系的同时也需要制订稽查计划，因为企业待完善的点和面太多了。要想有序推进企业标准化管理，就需要有节奏地进行稽查，组织管理人员去推动工作，让所有的干部有的放矢，切不可随心随性。稽查的目的并不是处罚，而是让整个稽查体系运转起来，让基层员工形成自检自查的自我管理意识，形成检讨标准化的机制。

建议从经营、管理、文化三个方面分阶段制订稽查计划并将其细化到月度计划中。

经营方面：涉及客户需求的及时响应、客诉的处理闭环、仓库的不良品数、废品处理、异常物料等。

管理方面：涉及安全管理、数据真实性、设备保养点检、首件检验、质量控制计划执行、6S 管理等。

文化方面：涉及员工精神面貌、团队积分管理、员工投诉等。

不管是稽查还是重大事故听证会，都包括异常分级处理等过程管理中的过程方法。企业应通过这些过程方法实现过程管理的可控性。这个过程是痛苦的，但也是非常有意义的，经历过这个过程，企业基本可以实现从基础管理向精细管理迈进了。

第七章
改善管理

第一节
管理变革——改善管理

过程管理输出中有一项就是优化，包括优化流程、优化制度、优化工艺等。因此，企业改善管理需要落实到企业管理体系中去。

从目标管理到过程管理再到改善管理，其实质是一个基本的管理理念循环，即 PDCA 循环。PDCA 循环应用极其广泛，是改善文化的根基，是管理水平提升的法宝。

管理＝维持＋改善

●维持是遵照标准执行工作，并针对结果的异常状态采取措施，使其恢复正常（稳定）状态，使实力能稳定地发挥出来，此为管理活动的基本。

●改善是打破现状、改变做法、提高实力，将目标提升到更高的水准。

●不管是维持活动还是改善活动，皆需要转动 PDCA 管理循环，从而自主地在稳定中求发展，不断提高企业的实力。

如果企业管理者不能很好地把这个管理思维理解透彻，就做不好管理工作。

第二节
改善管理的内容

改善管理在管理工作中占据非常重要的地位。企业不断发展，组织不断壮大，每一个环节都需要通过改善提升。根据熵增原理可以得出，企业必须不断给系统做功，否则会随着时间的推移出现管理僵化、效率低下等问题。企业管理体系熵增的一种方法就是不断地形成改善的力量，从而不断突破、不断形成新的优势。

很多人认为改善就是现场改善，即画画定位、贴贴标签、做做标识等。但实际上，改善是从上到下的改善。改善的具体流程如下：首先，设定年度的目标；其次，制订月度的计划；最后，把关键的工作指标按照改善项目的方式不断优化。也就是说，每一个部门、每一级管理者、每一位员工都需要围绕目标改善。高级管理者应该做好整个改善管理的框架，设计好机制，逐步形成改善型的企业文化。

由此可见，改善管理的定义如下：

● 改善管理应该是一种文化的体现，其内核是改善文化的形成；

● 改善管理是围绕着企业的经营目标来展开细化的；

● 改善管理需要建立一套管理机制来保障其持续良好地运行；

● 改善管理需要全员参与，共享改善成果。

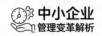

总体来说，改善分为经营改善、现场改善、流程改善、管理改善，具体如图7-1和表7-1所示。

图7-1　改善管理示意图

表7-1　改善管理

改善类别	内容	自主改善体系
经营改善	围绕着企业的效率和效果类指标进行长期的改善，如利润率、资金周转率、市场占有率等，甚至涉及检讨企业的战略、定位等方面	建立一套持续自主改善的管理体系
现场改善	围绕着企业管理现场，如车间、门店等关系企业经营指标的所有工作类指标，如工艺改进、设备优化、布局调整等，可以以6S管理为基础	
流程改善	企业的管理体系，如质量标准化管理体系中各个流程在企业发展的各个阶段需要不断优化，最终提升执行效率、降低风险	
管理改善	制度执行，如绩效激励、奖罚条例、会议管理等方面，可以提升部门输出的效率和效果类指标，最终提升公司的整体绩效	

所有的改善都需要与PDCA的流程结合在一起，从而不断标准化、规范化，最终成为企业的财富以及经营竞争力提升的工具。

PDCA循环是由美国统计学家威廉·爱德华·戴明（William Edwards Deming）博士提出来的，它反映了质量管理活动的规律，在所有的管理活动中都可以使用。

PDCA 循环分为四个阶段：

P（plan，计划）：根据客户的要求和组织的方针，为提供结果制定目标和行动计划；

D（do，实施）：实施行动计划；

C（check，检查）：根据方针、目标和产品要求，对过程进行监控，并报告结果；

A（action，处置）：实施标准化新作业程序，以防止原来的问题再次发生（或设定新的改进目标）/对结果进行奖励或处罚，并解决过程中出现的问题，制定新的阶段目标；

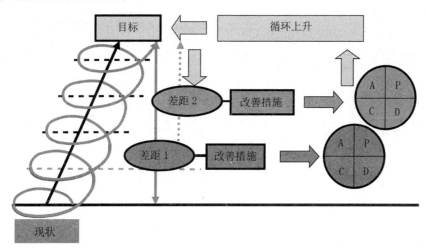

图 7-2　PDCA 循环示意图

PDCA 循环指的是制定一个目标，然后通过相关的计划、组织、控制等管理方法不断去达到目标，以获得管理结果。在这个过程中，不是一次循环就能达到设定目标，即使一次循环就达到目标也还是需要继续优化以提升目标。在 PDCA 循环中，每一次都能发现目标与现状的差距，并制定改善措施再执行、检讨、优化，形成一个螺旋上升的目标达到的路径，如图 7-2 所示。无论是宏观、复杂的管理活动还是微观、具体的管理活动，都离不开这种持续优化改进的思维。

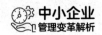
PDCA 的操作步骤和要点，如表7-2所示。

表7-2　PDCA 的操作步骤和要点

PDCA	操作步骤	要点
P（plan）	1. 根据目标分析现状，找出存在的问题和与新目标的差距 2. 分析导致差距的各种原因 3. 找出根本原因 4. 针对根本原因，制定措施和行动计划	1. 设定合理目标； 2. 找出影响目标实现的几个关键要素； 3. 差异分析要彻底，多用头脑风暴法； 4. 行动计划要遵循原则； 5. 要设定行动执行过程和结果的奖罚
D（do）	5. 实施行动计划并进行过程管理	1. 实施前要大量宣传和培训； 2. 要监督过程和及时反馈修正
C（check）	6. 评估结果（分析数据）	1. 检讨过程及结果存在的问题及原因； 2. 通过差错管理分析趋势
A（action）	7. 标准化和进一步推广 8. 提出这一循环尚未解决的问题，把它们转到下一个 PDCA 循环并制定新的目标	1. 所有改善要达到标准化； 2. 针对过程和结果进行奖罚

经营改善的核心是针对企业经营现状进行检讨和反思，力求更好地实现预期的目标。尤其在目标不那么清晰的情况下，面对纷繁复杂的市场竞争环境，要做好经营改善，企业核心管理团队需要紧盯企业的经营策略与当下的发展需求的匹配性。经营改善管理可以从两个方向进行：一个是对顶层规划进行检讨优化，如企业文化建设、组织架构调整、产品线的调整等；另一个是对内部经营管理进行检讨优化，如资金周转情况、现有市场及客户反馈情况等。

作为企业的董事长或者总经理，一定要定期或者不定期召开经营检讨会议，让团队成员有宏观的视野，同时也能避免最高决策者出现决策盲区，或者个人独断专行的现象。

笔者曾经任职过一家企业，该企业的董事长各方面的能力都非常强。当时，公司处于飞速发展的阶段，但是行业已经开始出现产能过剩及相关的政策补贴调整的现象。很多同行开始收缩产能、降低负债率、降本增效，但该企业的核心管理团队没有对这些市场和行业变化的信息进行系统整理，最终，在董事长的坚持下，该企业仍然投资扩产，回款拖欠、银行抽贷、供应商起诉、车间停产、员工罢工等一系列问题接踵而至，出现恶性循环。当时，企业的核心管理团队一个月开一两次会议，在会议上，要么是针对公司现有的问题相互指

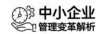
责，要么就是听董事长谈他的想法，极少提出不同意见。由此可见，决策失败的原因肯定有很多，但是核心管理团队对经营决策的检讨确实是一个企业改善及创新文化形成的关键。传统制造行业处于规则体系的文化框架下形成一种自上而下的体系，这种体系从根本上很难形成敢于挑战、敢于创新的企业文化。而核心管理者需要意识到这一问题，从而在核心团队的建言献策方面提供制度性的保障，如通过数据论证、议题辩论、投票表决等方式去接纳不同的声音。

这里主要阐述内部经营管理方面的检讨和优化，如表7-3所示。这些运营框架内的改善应该从每年的短期规划开始设定改善目标，这些改善目标可以作为年终奖金发放的依据，但不能与日常的绩效考核指标相冲突，两者应相辅相成，共同促进经营目标的实现。

表7-3　内部经营的改善管理

类别	改善方向	内容	改善幅度	主导部门
效率	资金周转	提高资金的使用效率、加快回款、降低库存等	比上年均值优化20%	财务部
效果	客户满意度	提高客户对公司产品或服务的满意度，优化内部的质量管理及外部的客户服务	比上年均值优化20%	市场部
效果	质量	提高公司内部的质量指标，如直通率等，这个指标会根据客户满意度的变化而变化，同时也会影响企业的成本	比上年均值优化15%	质量部
效果	成本	降低产品或者服务产生的成本，包括制造成本、管理成本、材料成本等	比上年均值优化25%	运营管理部
效率	交期	产品交付的交期完成率，内部的制造保障以及生产效率提升	比上年均值优化20%	运营管理部
效果	安全	预防危及人身安全的重大事故	实现零发生	行政部

这里重点说一下质量、成本、客户满意度三者之间的关系。这三者之间需要有一个平衡。很多企业经常因为这三者的关系处理不当而产生矛盾。市场部因为不太擅长技术，只是一味满足客户要求，层层加码，使需求升级；质量部根据客户的要求不断调整标准，导致不良率上升；生产部被迫调整工艺和标准，提高成本，最终导致企业经济效益下降。

很多时候，出现矛盾的主要原因是企业没有相对公正的部门能清楚地了解客户的真实需求，导致内部的检验标准过于严格，产品良率下降、成本上升。但如果一味追求低成本，也可能导致产品质量和客户满意度下降。因此，企业要在客户服务方面做好工作，了解客户的真实需求。笔者曾经做过一年的客户服务工作。那时候，在充分竞争的格局下行业出现产能过剩的情况，客户对我们的产品标准要求越来越高，客户服务工作就是满足客户的需求，达到客户对工艺改进的要求，以调整公司内部的技术工艺和质检标准；市场部工作的重点是满足客户的要求；制造部工作的重点在控制成本上。这时候，客户服务部反馈的信息就非常重要了，因为这个部门既不属于市场部也不属于质量部，而是一个独立的部门。正是因为这个部门，我所在的企业在那段产能过剩的时期，产品质量始终能满足客户的需求，成本也在可控范围内。

在日常经营中，改善管理很多时候是需要高阶的管理者来推动。再举一个例子，笔者曾经历过企业库存资金超标的经营改善。下面将这个案例用 PDCA 的方式呈现给读者，如图 7-3 所示。

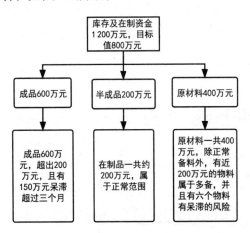

图 7-3　库存及在制资金分解

当时，公司每月的库存及在制资金目标值为 800 万元，结果连续三个月超标，达到 1 200 万元。公司成立项目组进行整改。首先，将问题罗列清楚。

利用 5W 和 1H 的方式对现状信息进行整理：每一个成品型号的呆滞情况是怎样的，每一个原材料的呆滞是如何形成的，每周真实交付是怎样的，生产计划是如何制订和执行的。

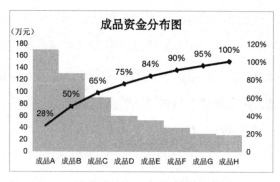

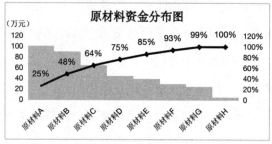

图 7-4　成品及原材料资金分布图

从图7-4中可以看出，成品 A、B、C 三项就占了整个成品资金的65%，原材料 A、B、C 三项占了整个原材料资金的64%，针对这六项找出对应的具体原因，整理好这些原始信息和数据，团队利用鱼骨图法分析原因，如图7-5所示。

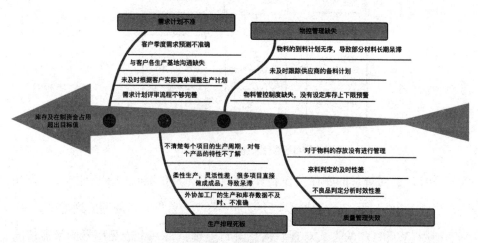

图 7-5　库存及在制资金超出目标值的原因

通过分析库存及在制资金超标的根本原因，制定具体改善措施，如表7-4

所示。

表7-4 库存及在制资金超标项目改善表

序号	模块	现存问题	改善措施	责任人	完成时间	完成情况
1	客户需求	客户提供的预测需求，数据不准确	①参考预测未来交付的变化情况——每周二会议通报及每周五简报提出问题； ②参考预测、结合市场信息储备物料	张三		
2	客户需求	客户其他配套物料缺货，导致延单	①当周的实际交付明显低于/高于上周或往常平均交付量，须及时与相关人员沟通具体情况，并通过邮件或微信群及时通报此信息； ②同步可联系市场和开发多渠道做信息确认	张三		
3	客户需求	客户口头通知上料量，提前储备	要求客户发邮件通知并告知需储备的数量及完成时间；同步与市场和开发多渠道做信息确认，并通过内部评审确认最终储备数量	张三		
4	客户需求	未根据实际交付情况实时调整计划	当实际交付与制订计划有明显的差异时，需及时提出问题并与客户沟通确认——每周二会议通报及每周五简报提出问题	张三		
5	客户需求	成品安全库存规则笼统，并未根据实际情况进行动态调整	①了解产品的加工周期并形成看板，根据不同产品的属性及运输时间制定安全库存动态调整规则（需合理储备物料、半成品、成品），当前的原则：外仓放2周的真单库存，工厂根据交付量放1.5～2周的成品库存储备； ②实时关注实际交付、库存储备和生产进度情况，做好产品用量突增或突减的机动调整预案——每周二会议通报及每周五简报体现	张三		
6	外协管理	产能扩产未充分评估	① 客户预测波动比上月预测超过或减少45%时，与业务重新沟通确认，确认客户增产或减产原因，清楚客户动态，确认增产或减产持续性； ② 客户预测波动超过45%时，若总量超过工厂现有最大产能，则按预测进行备料，按工厂现有最大产能进行生产，根据每周核对真单与预测交付情况对比进行调配	李四		
7	外协管理	过于考虑生产平衡	在当月预测未低于上月30%时，按实际预测排产，工厂自行评估后进行人力调配，若当月预测低于上月30%，将增加不低于上月30%的排产量，形成《生产计划管理制度》	李四		
8	外协管理	生产量比计划量超前	按生产计划安排客供料，控制客供料发料，按物料发料规则进行发料，避免工厂超前生产，完善《生产计划管理制度》	李四		

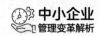

序号	模块	现存问题	改善措施	责任人	完成时间	完成情况
9	外协管理	未及时处理不良品	按照不良品处理流程,做到周清、月清,避免不良品积压,每月稽查,完善《外协管理制度》	李四		
10	外协管理	机动调整不足	每二周与业务开会评审客户的真单交付与预测的差异,根据实际交付情况的变化调整当月排产,真单交付变动超过30%时,及时做出调整,形成例会制度	李四		
11	外协管理	产品属性理解不足	对于产品下限进行定位,可改制性,确认产品属性后制作表格,在排产时针对不可改制性产品严格控制排产量,完善《生产计划管理制度》	李四		
12	外协管理	生产周期精细管理不足	制作产品生产周期表和人均产能表	李四		
13	外协管理	工厂库存不准	每周定期汇总外协工厂库存,将库存串联汇总给到业务,让加工厂提供准确库存数据	李四		
14	采购物控	物料未分类管理	对所有物料按照交期长短、产品价值等因素进行分类管控	王五		
15	采购物控	供应商未按叫料发货	①要求供应商正常情况下按照交期发货;②未按要求发货的货物,仓库拒绝接收,并通报采购做退货处理,完善《物控管理制度》	王五		
16	采购物控	缺乏计划调整流程	① 每周二评审预测需求,根据当前生产数据判定是否需要调整生产计划;② 如计划需调整,务必执行《计划变更申请单》评审确认	王五		
17	采购物控	供应商备料叫料管理不足	①制定各物料供应商备料标准;②对重要、交付时间长、品质不稳定的物料重点管控,完善《物控管理制度》	王五		
18	质量管理	备货物料、半成品、成品质量为系统严格管控	及时对全流程的物料、半成品、成品进行判定,设定时效为24小时,完善《外协质量管理制度》	龙一		

在头脑风暴环节,千万不要设定明确的边界或者有指向性地预设原因,这样容易忽略很多隐藏的问题。

团队预计三个月内将库存和在制资金降到目标值以内。以上基本完成了P(plan)的环节。

D(do)的环节主要就是执行反馈并及时检讨。

C（check）的环节就是每周复核相关的措施执行的效果及完成依据，包含相关的制度、评审记录等，在此过程中发现问题及时解决。

三个月后，将库存和在制资金降到目标值以内的目标完成了，相关人员对团队进行了表扬，检查确认了相关的制度建立和优化情况，取得了相关的改善成果，这样也就完成 A（action）的环节。图7-6为三个月的库存及在制资金趋势图。

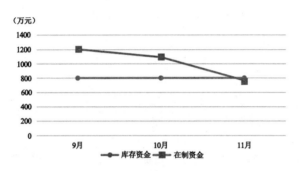

图 7-6　库存及在制资金趋势图

总体而言，经营改善是企业核心管理者需要投入精力的管理活动，是企业改善文化形成的基础。在进行改善管理时，企业核心管理者要建立对应的改善机制和流程，从而在某些领域实现标准化的经营改善。例如，市场部需要提供市场分析报告，技术部需要提供行业技术发展趋势报告，运营管理部需要提供行业运营管理信息报告及公司内部的经营分析报告等。从多个维度对企业经营状况进行分析，对优化的方向进行论证，需要建立信息情报机制。

第四节
现场改善

现场作为工厂或者门店等经营体的主要管理场所，承载了很多改善需求。现场是企业为客户创造价值活动的场所，指从研发设计到制造加工再到交付客户整个活动中的场所。广义的现场包含人员、机器、材料、方法、环境、信息、能源，如表7-5所示。

表7-5　广义的现场

项目	定义
人员	团队士气、岗位、技能、知识管理
机器	设备管理、维护、保养、校准
材料	材料存储、使用、质量、耗损
方法	流程、工艺要求、作业标准、验收标准、管理制度、服务标准
环境	作业环境、服务环境
信息	信息的收集、分析、传递
能源	投入的能源

因此，现场改善管理的空间维度特别广，运营管理者只有熟悉现场的各个领域，才能将这个企业创造价值的主要场所管理好。毕竟一个企业所有的管理效果最终都是在现场呈现出来的。团队士气、产品交付、质量管理、成本控制等这些显性的指标背后就是企业运营水平的综合反映。此外，现场管理需要尽

可能地将隐性的管理要素显性化。

笔者将现场改善分为三个部分，6S 改善、异常改善及项目型改善，如表7-6所示。

表7-6 现场改善的分类

现场改善	项目	定义
6S 改善	整理	区分要与不要的东西，坚决清除不要的东西
	整顿	必要的东西定位放置，以便随时可以拿到
	清扫	将工作场所清扫干净，保持工作场所干净、亮丽
	清洁	前三项的坚持与深入，制度化、标准化
	素养	人人养成好习惯，依规定行事，培养员工积极进取精神
	安全	预防为主的管理思想
异常改善	产量	当天的产量未能完成，采用"三现五原则"，从人员、机器、材料、方法、环境等维度去分析，及时纠正，长期预防
	质量	
项目型改善	质量	狭义的一般指产品的内控良品率
	成本	一般指单位良品所需要的成本投入，包含材料费、人工费、水电费、设备折旧费等
	交期	生产计划完成
	士气	员工的工作状态、工作情绪

一、6S 改善

6S 是指整理（seiri）、整顿（seiton）、清扫（seiso）、清洁（seiketsu）、素养（shitsuke）、安全（safe）。6S 改善自20世纪90年代传入中国，历经几十年的发展已然成了一种非常基本的管理工具了。但很多管理者把6S 改善理解成贴地标线、物品摆放整齐、地面打扫干净，其实它隐含的价值远大于此，是培养员工一次把事情做对的习惯、养成持续改进的意识。

虽说6S 改善强调的是全员参与、持之以恒，但它其实是管理者能力水平的体现。它是现场管理可视化呈现的工具，是员工素养形成的文化基础。如果将现场的各个方面看成一个黑箱，里面有设备状态、生产线状态、工具状态、

物料状态、质量状态、效率状态、成本状态等要素，在没有导入6S前，这些要素就是一些密密麻麻的信息堆砌在各个地方，让管理者无章可循、无迹可查，而在导入6S后，所有重点的信息能用可视化的方法体现出来，让管理者一目了然。所以，管理人员对6S的理解决定了其执行的效果如何，尤其是中层和基层的干部要不断学习、不断改善，并带领员工一起不断践行、不断优化，通过管理活动将无序状态变为有序状态。

6S管理不能孤立地进行，而是要与现场管理工具结合在一起，以提升现场管理的水平。这些专业的技能需要现场管理人员不断去学习、去实践、去提升。表7-7是6S管理的效果与目的。

表7-7　6S 管理的效果与目的

6S	效果	目的
整理	①减少库存，现场无杂物 ②场地变大，行动方便	降低成本＝①＋③＋④＋⑦＋⑱ 提高效率＝②＋③＋④＋⑤＋⑧＋⑨ 提高质量＝③＋⑦＋⑧＋⑬＋⑭ 减少故障＝⑦＋⑧＋⑨＋⑩＋⑬＋⑭＋⑰ 安全保障＝②＋⑤＋⑥＋⑩＋⑪＋⑫＋⑬＋⑭＋⑯＋⑰ 提高员工的工作热情＝⑤＋⑩＋⑪＋⑬＋⑭＋⑮
整顿	③消除混放，避免差错 ④无徒劳寻找时间 ⑤现场整齐，一目了然 ⑥无不安全状态 ⑦无跑、冒、滴、漏	
清扫	⑧提高设备清洁度，润滑好	
清洁	⑨清扫设备时进行点检 ⑩铁屑不落地，地面清洁 ⑪车间环境变好，员工愉快 ⑫消除灾害根源	
素养	⑬执行标准，减少疏忽 ⑭形成遵守规章制度的习惯 ⑮改善人际关系，加强与培养集体意识	
安全	⑯保障员工的人身安全 ⑰保证生产设备正常运行 ⑱减少经济损失	

掌握基本的技能并不代表就能很好地将6S管理落地。要想实施好6S管理，需要一系列的行动和机制配合。6S管理推行步骤，如表7-8所示。

表7-8 6S管理推行步骤

阶段	步骤	备注
P	制订阶段性的计划	制订阶段性的计划，将行政部或者运营管理部作为检查评比的主导部门，明确其职责及各部门的第一责任人
	对中高层管理者进行外训或者让他们实地观摩学习	一定要系统培训中高层管理者，安排其到相关行业优秀的公司实地观摩学习
D	召开6S管理启动大会	建立势能，从公司最高层面来推动
	分批对员工进行培训	不断培训基层员工，现场指导，并进行测试，将基本的概念固化在员工脑子里，再通过现场指导不断优化，为今后全员持续改进打好基础
	管理者制定6S管理制度	将6S中的每一个S细化分解成可执行、可量化的标准和规范，切不可在空洞的理论指导下盲目制定制度，与此同时，要根据企业的实际情况制定，不可以盲目照搬其他企业的要求，要结合IE的整体设计，分阶段逐步实施，不可一蹴而就
	明确责任区域和标准	对所有的空间、设备、物品等明确责任人以及执行的标准
C	三个月后，各部门内部开始检查评比	第一轮培训工作结束后，开始内部执行整理、整顿、清扫三项工作，并以此作为一次推动的开始，之后，进入检查评比的阶段，明确评比的要求和标准，设置奖励机制
	六个月后，全公司开始检查评比	将检查评比工作推向全公司，各部门交叉检查，互相学习、互相促进，优化奖罚机制
A	不断完善现场并优化标准	不断明确新的管理标准，形成新的更高要求
	对优秀的车间班组和个人进行表彰	对于优秀的集体和个人进行奖励；对于违反要求的员工要进行处罚；对于最差的部门负责人也要进行处罚
	将6S检查纳入稽查体系	让现场管理者每天做日常的巡查稽查，不断改进，通过稽查体系来驱动他们持续输出现场检查

6S导入的节奏一定是循序渐进、脚踏实地的，绝不可以是运动式开始、垮塌式结束。有些企业纯粹是为了拿下客户、拿到政府补助才投入精力去做6S管理。这忽视了6S管理的本质是为了提高效率、提升效果，形成执行文化、改善文化。6S管理对应的段位及各层级人员的侧重点，如图7-7所示。

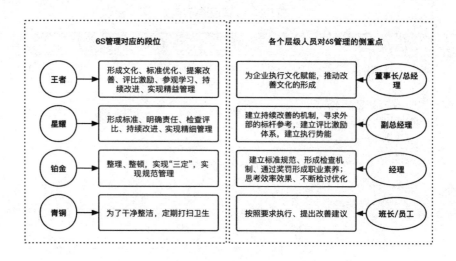

图 7-7 6S 管理段位及各层级人员的侧重点

从图 7-7 中可以看出，对高级管理者来说，6S 管理的意义有以下三点：一是通过 6S 管理去创造企业形成执行文化的条件，因为 6S 管理大部分属于肉眼可见的要求和规范，如工具定位能不能做好、设备清洁是否到位等，这就像部队要求的把被子叠成豆腐块、毛巾悬挂、茶杯摆放在固定位置等，目的在于从日常的内务这些眼见功夫去培养士兵的服从意识，从而形成服从的肌肉记忆；二是通过 6S 管理做到优化现场、提高效率、提升效益，让问题无处藏身，这能够保障整个产品加工服务落地；三是通过 6S 管理，每一个部门、每一位员工和管理者都参与进来，形成企业的制度文化及改善文化。这些检查评比活动的结果可以从侧面体现管理者及其团队的执行能力及改善能力。

很多管理者对 6S 管理存在误解：

①认为 6S 管理已经过时了，没必要做这个管理。生产已经很忙了，哪有时间去做打扫、摆放等事情，后面有空了再来整理。

②员工素质不高，要求这个他们根本做不到，员工会离职的。本质上还是认为 6S 管理要求是对员工的额外要求。

③把 6S 管理当成大扫除，纯粹就是为了干净整洁。这就是最肤浅的认知，导致前面来丢，后面再来扫。

④没有做好整理、整顿工作，就是现场的规划没有做好，没有弄清楚哪些物品应该放在什么位置最合适、效率最高，同时，没有让员工参与进来。管理者只是为了迎合领导喜好，为了"干净整洁"，甚至把要用的工具藏起来。这是典型的本末倒置，导致效率降低了、出错的风险加大了。

⑤清扫工作标准太高，有些要求机械加工设备一尘不染，用白手套去检查门窗、设备是否干净，结果导致员工花大量的精力去做这些超出合理标准的事情，生产、质量、成本问题频发。

⑥没有具体的制度支持，做不到人人都管事、事事有人管。没有明确的责任人，没有检查机制，导致这些工作就变成基层管理者的游戏，消耗他们的精力。

6S 管理是一项系统性的、长期性的管理工作，是一个企业形成制度文化的基础。6S 管理阶段、效果及周期，如表7-9所示。

表7-9　6S 管理阶段、效果及周期

6S 管理阶段	效果	周期
整理、整顿	将现场不需要的物品清理走，将工具、设备等按使用的频次划分，便于提高效率	1个月
清扫、实现定位	对各个区域开始按标准要求清扫，实现"三定"，现场开始有序、整洁、干净	3～6个月
形成检查评比制度	完成制度及标准的建立，并制定检查标准、建立评比机制。基础的要求得到落实，形成制度执行文化，基本实现"事事有人管、人人都管事"	6～12个月
形成效率	从 IE 工业工程的角度做一次全面优化，工作效率大大提高，问题能快速暴露	12～18个月
预防性阶段	实现可视化管理，并导入全员设备管理等管理方法，可以更好地预防问题的发生，使产品质量大大提高	18～24个月
标杆车间	建立标杆车间，形成良好的评比交流机制	24～30个月
员工参与改善	员工对6S 管理的理解较深，可以在工作中思考并参与改善	24～30个月
自主管理文化形成	形成自主管理、创新改善的文化，员工养成一次做对事情的习惯，并针对现场的问题进行思考	30～36个月

6S 管理执行的各个阶段需要不断采用 PDCA 的理念进行优化，因此管理干部要不断学习、不断加深对6S 管理的理解，带领员工一起持续改进。

总之，6S 管理是现场管理的基础，是将现场可视化的基础，是让员工养成良好行为习惯的基础。但是，在推行 6S 管理时，企业管理者不能好高骛远，不可揠苗助长，更不能忘记初心、不切实际。有些企业的管理者只做表面文章，既没有理解 6S 管理的内核，也没有弄清楚企业所处的阶段，盲目生搬硬套，结果导致该工作难以继续推进。

现场改善是一个持续的过程，尤其是中层干部要把精力放在改善引导方面。所以，中层干部必须掌握以下四个基本概念：

取消：排除浪费，排除不必要的作业。取消为改善的最佳效果，取消不必要的工序、操作、动作，是不需投资的一种改进，是改进的最高原则。例如，合理布置，减少搬运，取消不必要的检查环节等。

合并：对于无法取消的环节，可采取合并作业的方式，以达到省时简化的目的。例如，合并一些工序或动作，或将由多人于不同地点从事的不同操作集中在一起，改为由一人或一台设备完成，以减少处理的手续。改善案例，如图 7-8 所示。

重排：改变次序，改用其他方法，改用别的东西。经过取消、合并后进行重排，使其有最佳的顺序，除去重复，办事有序。例如，重新调整储运处的布置，以减少搬运的距离；用台车搬运代替徒手搬运。

简化：连接更合理，去除多余动作。经过取消、合并、重排后的必要工作，用简单的设备、工具代替复杂的设备、工具或用简单、省力、省时的动作代替繁重的动作，以节省人力、时间及费用。例如，改变布置，使机器操作更简单。

二、异常改善

当现场出现异常时，会进入异常分级处理流程，此时需要采用"三现五原则"到现场进行分析，以解决问题。

"三现"指的是现场、现物、现状，即在问题发生的第一时间到现场查看现物并掌握现状。这点很重要，是现场管理的黄金法则。很多管理者喜欢在办公室开会，其实这不利于对现场情况的掌握。

改进前	改进后

改进前： 　　凌乱，不方便使用	改进后： 　　整齐美观，便于使用
改进前	改进后

改进前： 　　备件仓五金备件放置空间未完全 利用，很分散，不便于查找	改进后： 　　物品分类，集中放置，空出40% 货架
改进前	改进后

改进前： 　　难以分辨水的流向及阀门的开关 方向	改进后： 　　做好标识并贴在显眼位置，便于 知道阀门的开关方向及水的流向

图 7-8　6S 改善案例

"那个问题不能解决吗？那么就去调查那个问题的现状和它的历史吧！完完全全调查明白了，那个问题就有解决的办法了。"

"一切结论产生于调查情况的末尾，而不是在它的开头。"

"迈开你的两脚，到工作范围的各部分、各地方去走走。"

"调查就像十月怀胎，解决问题就像一朝分娩。调查就是解决问题。"

这些内容可以给我们一个很大的启示：那就是任何问题的解决都需要到现场去调查了解现状和历史。从事现场管理的人员是围绕着现场开展工作的，因此深入现场、洞察现场需要管理者躬身入局。

笔者举一个例子：

客户反馈一批电路板到了一定周期后就出现锡裂的问题，这种质量异常会导致产品出现重大安全事故。因此，相关人员立即召开分析会，对实物进行解剖分析，并追溯生产及检测记录，没有发现明显异常。解剖分析的情况是散热器的导热胶涂抹不均匀，同时，散热器表面有翘曲、不够平整，导致功率器件散热效果差，焊接处焊点出现裂纹。到现场进行排查，发现员工作业差异性很大，涂抹导热胶有多有少，同时，散热器的螺丝工艺要求打两次，但是员工并没有按要求作业，而是用一个大的扭力一次打到底，这样容易导致元器件引脚处出现应力。经过调查和分析以后，制定对应的措施：

①与供应商再次确认散热器表面平整度的要求，供应商在产品出厂前增加抛光工序并进行全检；

②完善散热器来料检验标准，并对散热器进行重点检查，增加抽样比例；

③散热胶涂抹工序属于隐蔽工序，作业过程难以监控，作业效果后工序无法检验，因此，采用定制自动涂胶设备作业来代替人工作业；

④将散热器锁螺丝工序拆解成两个工序，两个工序的扭力不一样，每班都需要对扭力进行校验。

改善措施推行后，这个问题就被解决了。由此可看出，只要是现场出现的异常，就一定要第一时间对现场的现象问题进行记录，并检查人、机、料、法、环、测的变化。具体排查顺序如下：

● 人——作业人员是否变更，是否为新员工，是否经培训上岗，是否违规作业；

● 机——机器设备是否正常，是否位移，参数是否被修改，保养是否到位；

● 料——物料是否更换厂家，是否检验合格，批次差异如何；

● 法——作业标准是否变化，是否有记录，是否执行到位；

● 环——环境是否变化，温湿度是否波动，温湿度仪器是否校准；

● 测——所有的测试仪器是否校验，设备参数反馈点是否校验。

重点检查隐蔽工序，或者下工序无法对上工序进行检验确认的工序。

以上是"三现"，"五原则"则是把握现状、查明原因、处理对策、确认效果、溯源反馈。图7-9就是"三现五原则"的工作流程。

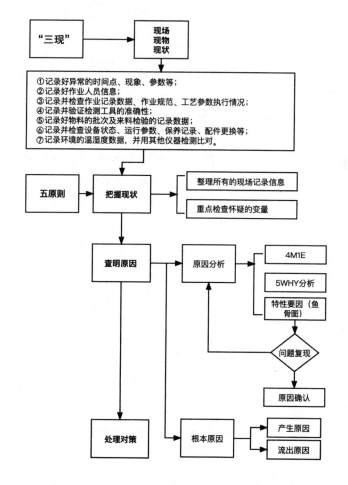

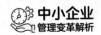
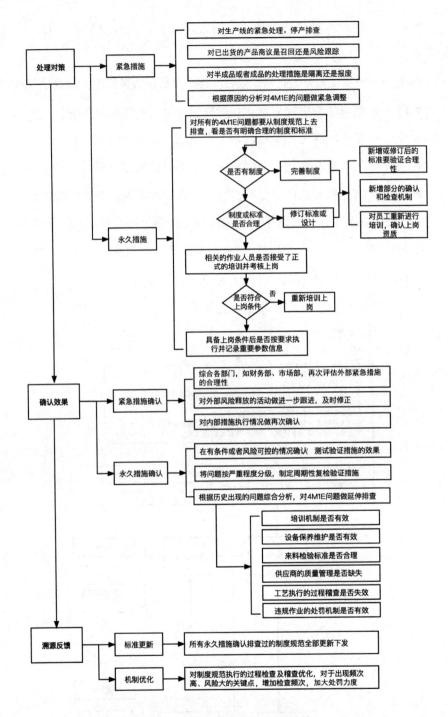

图 7-9 "三现五原则"分析流程图

三、项目型改善

项目型改善一般指的是按照项目管理的思维和框架来进行的，并且需要一定时间经过多轮 PDCA 循环后达到设定目标的改善活动。

（一）质量改善项目

质量改善项目的目的不仅是提升良品率，而且是进行质量链管理。全流程质量改善，如图7-10所示。

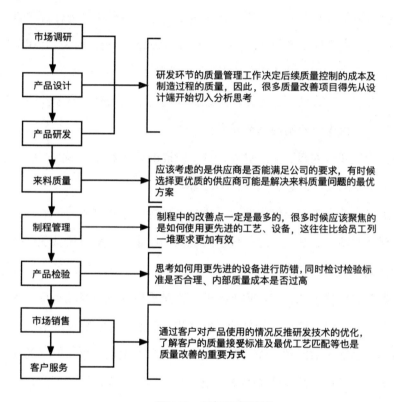

图 7-10　全流程质量改善

从图7-10中可以看出，从产品设计开始的每一个环节都会影响产品的质量管理。质量不是检验出来的，而是制造出来的，这强调的是制造过程的规范性，质量不是制造出来的，而是设计出来的，这强调的是前期设计的重要性。对于这一点，很多企业管理者并不能很好地理解，这导致其在设计阶段经常是赶时间、抢效率，草草送样，在性能验证、生产性验证等方面敷衍，导致产品在批量生产阶段无法顺畅均衡，不良率大大超出预期，效率远远低于预期。尤其是生产电子产品，强调的是快速响应市场，为了满足客户的送样要求，跳过了小批量验证直接开始大批量生产，然后发现根本不具备量产的条件，不良率居高不下，耗费大量的人力、物力、财力去改进，最终导致项目亏损。

对来料质量的管理也是非常重要的，很多管理者知道需要制定检验标准、检验规范等，但忽略了最重要的供应商开发的管理。如果前端控制不好，那么仅靠来料的检验是没有办法控制来料质量的。在对来料质量进行管理时，相关人员可以使用生产件批准程序（production part approval process, PPAP）这个管理工具。这个工具基本上将供应商开发前端的工作全部流程化了，从图纸尺寸、模具设计、型式试验、可靠性验证再到现场审核稽查、质量控制等进行全面的预防，避免供应商出现制造异常。

制程管理和检验属于常规管理，这个阶段的改善点非常多，一般会采用柏拉图分析主要的几项问题，然后立项改善。

解决客户端出现的质量问题也是质量管理链中非常重要的环节，因为终端一旦出现问题就一定是大问题，代表着前面的质量管理链没能发现这个问题，很可能是有着复杂的原因，也很可能是超出现有管理体系的范畴。这样的问题，笔者也曾遇到过几次，印象深刻的一次是锂电池批量终端不良，导致大量退货。电化学的设计验证比较复杂，而且周期比较长，在检验环节就只能发现一些基本的性能参数问题，随着充放电循环次数的增加，里面的问题才会逐渐暴露出来。收到性能衰减严重的情况反馈后，笔者就立即通知停产，组织内部排查，发现有一个材料的验证不够充分，后来经及时有效地调整生产工艺，研发出了更优质的产品。

以上是针对质量管理链可以重点发掘的质量改善项目。在企业的运营管理中，一定要有部门对质量改善项目负责，比如质量部，而且该部门不应只把精力放在不断出现的异常上。质量部需要对每月质量改善项目的成果进行汇报，并将此作为绩效考核中一个比较大的权重项目，以让质量部的成员知道预防永远都是质量管理的最大价值体现。质量改善项目报告，如表7-10所示。

表7-10 质量改善项目报告

质量改善项目报告				
项目名称	晶锭脱皮问题改善			
项目跟进人	薛 **	立项时间	20**/6/25	
计划完成时间	20**/7/30	实际完成时间	20**/7/30	
项目主要成员	朱 **、刘 **、刘 **、吴 *、张 **、王 **、刘 *、马 *、陈 **、申 *、薛 ***			

A. 选题理由 / 目前情况

晶锭脱皮从7月4日开始有明显上升趋势，部分硅锭脱皮严重影响硅块有效长度（7月1日至9日共19个大锭合计194块小方锭出现脱皮现象，均为底部脱皮，损失有效长度1 248 mm）。

日期	锭号	类型	铸锭炉号	开方机合号	块数	备注	位置	损失（mm）	粘锭时间
7月1日	SD1706254108P1	P1	41	2	12	3-33.4-34	底部	0	12：20
7月1日	SD1706237507P6	P6	75	5	4	3.8.18.23	底部	252	12：42
7月1日	SD1706241507P6	P6	15	7	12	3-33.4-34	底部	0	6：10
7月3日	SD1706286809P1	P1	68	1	12	3-33.4-34	底部	0	20：41
7月4日	SD1706280108P6	P6	1	3	12	3-33.4-34	底部	0	2：10
7月4日	SD1706267508P6	P6	75	7	5	3-23	底部	284	2：15
7月4日	SD1706282809P1	P1	28	3	12	3-33.4-34	底部	0	8：20
7月4日	SD1706255808P1	P1	58	1	12	14-17.19-24（横排脱皮）	底部	0	4：40
7月5日	SD1706281608P6	P6	16	1	12	3-33.4-34	底部	0	8：20
7月5日	SD1706296309P1	P1	63	8	12	3-33.4-34	底部	0	16：15
7月6日	SD1706305409P1	P1	54	1	12	3-33.4-34	底部	0	18：00
7月7日	SD1707017001P1	P1	70	4	12	3-33.4-34	底部	0	8：20
7月8日	SD1707025501P1	P1	55	2	8	14.20.3-33	底部	402	21：15
7月8日	SD1707026701P1	P1	67	1	12	3-33.4-34	底部	0	8：55
7月8日	SD1707025801P1	P1	58	8	12	3-33.4-34	底部	0	11：35
7月9日	SD1707030701P6	P6	7	3	12	3-33.4-34	底部	0	21：22
7月9日	SD1707016601P1	P1	66	4	12	3-33.4-34	底部	0	16：20
7月9日	SD1706297309P6	P6	73	7	5	3.8.13.18.23	底部	107	1：12
7月9日	SD1706297610P6	P6	76	5	4	3.8.18.23	底部	203	1：40

B. 课题目标设定

降低脱皮晶锭比例到3.5% 以下

C. 课题实施方案及措施

序号	实施方案内容	责任人	完成时间
1	铸锭5车间68#炉产出的锭，开方后连续出现脱皮。铸锭技术调整铸锭工艺与长晶周期；调整工艺后第一炉通知质量入库时间	刘 **	7月10日
2	7车间71#、75#炉产出的锭，开方后连续出现脱皮现象，且近期影响有效长度的均为7车间，刘工负责沟通主管进行改善调整	刘 **	7月7日
3	铸锭车间提供给质量部各个炉台产出锭数明细以及长晶周期记录表数据，用于数据统计	马 *	7月7日

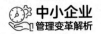
	质量改善项目报告		
4	通过对开方所有机台进行7 mm厚垫试验，近期脱皮现象已有明显改善，切至70%位置作为降速点，速度由100%逐步降速至85%切割；调整工艺后切割第一个锭号通知质量部进行统计	王 ** 吴 *	7月7日

D. 项目完成情况

现阶段已完成计划目标：

以下7月11日至17日共检测136个大锭，其中8个大锭合计90块小方锭出现脱皮现象，均为底部脱皮，损失有效长度640 mm；

目前10～20号脱皮锭数平均每天1个锭，脱皮数量有明显下降趋势，改善试验进度详情如下：

日期	总锭数	脱皮总锭数	铸锭			开方		脱皮占比（%）	影响良品率长度（mm）	备注
			1车间P6	淇县P6	5车间P1	连城（1#–3#）	HCT（4#–10#）			
6月6号-12号	162	16	8	0	8	6	10	9.88	248	8号开始有恶化趋势，进行7mm厚垫试验、泡沫胶试验因物料申购未到货，试验未执行
6月13号-19号	161	31	13	1	17	21	10	19.25	835	脱皮锭数和影响有效长度呈持续恶化上升趋势
6月20号-26号	154	36	11	4	21	23	13	23.38	1 606	1#开方连城机连续出现10个脱皮锭，3#方连城机连续出现9个脱皮锭
6月27号-7月3号	166	17	5	3	9	6	11	10.24	609	26号夜班对1#-3#开方做拼接厚垫试验，28号夜班对开方所有机台做7mm硅胶垫试验；29号已所有下降趋势
7月4号-10号	166	16	3	3	10	9	7	9.64	996	近期脱皮锭影响有效长度基本为淇县代工锭
7月11号-17号	136	8	0	1	7	0	8	5.88	640	脱皮锭数量已有所下降，影响有效长度的为55#炉2个锭，淇县73#、76#炉2个锭均为淇县G5锭
7月18号-20号	63	2	0	2	0	0	2	3.17	495	分别为74#、76#炉；76#炉连续出现2个，已开出品质异常反馈处理单

脱皮锭数趋势图

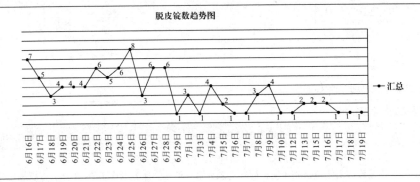

E. 后期预防措施

原因分析

开方车间：

①由于开方硅锭不平整、受力不均匀，导致位置摆放不正、张力不稳定，以及开方脱皮现象；

②砂浆喷洒不均匀、砂浆切割力不足、受力不均匀导致脱皮；

铸锭车间：前期TC2温度低，长晶速度太快

质量改善项目报告		
序号	预防措施	责任人
1	开方车间给所有机台使用7 mm 橡胶垫片	吴 *
2	开方技术人员对开方机切割工艺做出调整，切至70% 位置作为降速点，速度由100% 逐步降至85% 切割	刘 **
3	调整铸锭工艺参数（68# 炉工艺调整第一炉在6# 开方机切割，检测结果无脱皮）；对连续出现2个脱皮现象的铸锭炉台，进行铸锭工艺调整，现阶段已对8台铸锭做了工艺调整	刘 **
报告人：薛 ** 　运营管理部确认人：徐 **	审核：吴 *	批准：杨 *

由一个责任部门去推动改善的效果会比自发的小组效果要好一些。在明确责任主体、推动各部门协同的执行过程中，需要质量部每个月提前规划后续的改善项目，明确选择这个改善项目的理由，以及分阶段完成的目标等。这些改善项目旨在解决一些深层次、高复杂性的问题，是需要多个部门协同的，如技术部、设备部、采购部、生产部等。每一个项目达到改善目标后，都可以根据改善项目产生的价值对团队成员进行奖励，包括物质奖励、积分奖励等。

（二）现场成本

对于成本，每个企业都有自己核算的方式，因此，一个企业成本核算精细程度可以反映一个企业的管理水平，成本是运营管理的核心要素。

就一般的产品制造来说，成本的主要组成部分是原材料费用、直接人工费用及制造费用。其中，制造费用包含水电费、折旧费、人工费。对企业管理者来说，最应该理清的是这些费用里面哪些属于变动成本，哪些属于固定成本。变动成本与生产量是有一定关系的，固定成本与生产量是没有关系的，由此就延伸出一个平衡算法，即最佳成本。对重资产的企业来说，生产效率、生产量是很关键的因素。与此同时，生产量的提升可能会使良品率略微下降，不良率的上升又会导致成本上升。售价、利润率、市场的供需关系等因素都要纳入成本的核算，并根据企业不同阶段的战略制定不同的成本管理方案，以创造最大的效益。

生产周期，即资金成本，也就是财务指标中的资金周转率，也需纳入成本管理，但很多企业中层管理人员会忽略这个指标。在制造的各个环节，若没有均衡生产的理念，则会导致生产周期大大拉长，资金周转率大大降低。笔者曾经就职过一家企业，该企业原材料的价值非常大。一般企业的生产周期大概是7天，但是这个企业从原料到成品入库的时间要将近21天，也就是三倍的在制品存放在各个车间，相当于两亿元的资金闲置。这是多么可怕的资金成本，但是由于管理者没有意识到这一点，所以其就成了隐形成本。因此，成本改善应该由管理层统一制定好成本策略后再制定目标、分解执行，并不断优化改进。

需要注意的是，运营管理部的成本核算与财务部的成本核算是有区别的。财务部的成本核算属于事后分析，是按照会计准则来处理的；运营管理部的成本核算用于对经营活动的实时掌控，是按照每天经营活动的投入和产出细分的经营体来分段核算的，其重点监控物料的领用、现场的在制及入库的良品数等，可以及时地暴露出问题。

运营管理部的成本核算不要求精确，但是要能反映出成本控制的趋势，尤其是要能反映出制造部门可管控的部分作为重点项目来管理的趋势。运营管理部制定好数据统计的模板后，每天根据收集的相关数据就可以得出每天的单位成本。这套数据的采集分析模板成熟以后，就可以根据企业的实际情况将其导入信息化的软件进行实时的数据管理。表7-11为成本统计架构，以投入和产出作为大项，再做分解统计分析。

表7-11　成本统计架构

大项	细分项	定义	改善方向
投入	主材料成本	每天领出的数量	控制物料的使用周期及损耗率
	人工费用	当天的人工支出	提高人均产出
	水、电、气费用	当天的水、电、气费用	关注主设备能耗、外围设备能耗，并提高产能
	设备折旧费用	分解到每天的设备折旧费用	提高设备的稼动率、产能释放

大项	细分项	定义	改善方向
投入	厂房租金/折旧	分解到每天的租金或者厂房折旧	产出数会影响该项成本
	辅材及设备配件	消耗品，如劳保用品、辅耗材及设备配件	该项看似金额不大，但是频次多，如果不做管控损耗，则成本可能会成倍地增加
产出	成品入库数	每日产出量及时入库	无论是良品还是不良品都要求及时入库，让问题及早暴露

对于周期比较短、以加工为主的行业，要把计划做好，因为其主要成本是设备折旧，如果设备的稼动率低，则其成本就会有比较大的偏差。对于手工作业较多的产线，应该在工艺设计环节就把每个项目的标准工时核算清楚，这对人力分配及成本核算有重要作用。很多时候成本是设计出来的，是采用全自动、半自动，还是全人工，是否采用工装夹具等都是成本设计环节决定的事。一旦成本设计好以后，生产部就按这个标准工时核算产能，偏差5%便需要对其检讨分析。对于那些项目式的产品，应该按项目区分核算每一个项目的成本，同时财务部需要对比每个项目的毛利率，这样可以给市场部定价或者给客户做参考，同时也可以为考核业务人员提供依据。此前，一家做消费类电子产品的企业，其业务部能力很强，但因为产品型号的区别、制作工艺复杂程度的区别、加工费用的差别，导致财务部没办法核算出项目的成本。笔者去了之后，着手调整成本核算方式，根据产品的生产效率和良品率建立分摊制造成本核算模型，然后召集财务部、销售部、生产部和技术部评审，以单独核算每个项目的成本。通过成本核算模型，就能计算出每一个产品的实际成本，财务部再把销售价格加进去，一比对，每个项目的毛利率就一目了然。

建立合理的成本核算模型是一项非常重要的工作，其实质是把每个部门的成本的责任边界再确认一下，同时可以通过成本的分解倒逼各部门优化人效，例如，将一些制造体系内的保障服务部门的成本最终分摊到单位产品上。一旦企业开始对成本进行细化要求，则表明该企业处于精细化管理的阶段。这个时候，调整组织架构往往会出现利大于弊的情况。例如，将原来独立的设备维修组、现场工艺技术组等合并到生产部门的架构中，可以更加高效地协调资源，打破不同部门的边界，从而大大提高人员的工作效率。笔者曾经对其组织架构做过调整，调整后，维护人员减少近50%，设备的配件耗材也降低近30%。原因就是原来分部门，指标看似合理，KPI完成也没有问题，但是基于本位主义，设备部的管理人员肯定会想办法多弄一些人员编制，毕竟他们更多的是聚焦在设备的完好率、设备维修的及时率方面。如果没有创新和颠覆性的改变是很难引起成本方面的质变的。当然，这取决于企业发展的阶段。如果一个企业连基本的规范、标准都没有，盲目合并则可能会适得其反。

成本项目改善的基本理念就是减少浪费、降低成本、提高利润。现场的七大浪费，如表7-12所示。

表7-12　七大浪费

浪费类型	表现	对策
等待的浪费	作业不平衡、安排作业不当、待料、待机、品质不良生产停滞等	合理做好生产规划，及时处理异常情况
搬运的浪费	采用批量生产，以工作站为区别的集中的水平式布置（也就是分工流程批量生产），属于非单件流的观念	不断优化产线布局，改善物流运输路线，采用自动化的设备提高效率，尽可能摒弃工作站的模式，采用流水线单件流的方式
不良品的浪费	工序生产无标准确认或有标准确认未对照标准作业，管理不严	做好过程管理，避免不良品的产生
动作的浪费	生产场地没有规划，生产模式设计不周全，生产动作不规范、统一	优化工装夹具、工作台设计、生产工具等，优化动作并使其标准化
加工的浪费	制造过程中作业加工程序动作未得到优化，可省略、替代、重组或合并的未及时检查	减少一些不必要的加工动作或者不必要的加工精度要求
库存的浪费	管理者为了方便或本区域生产量化控制选择一次性批量下单生产，而不结合主生产计划需求采用流线生产方式，导致局部大批量库存	优化计划，充分评审，确保物料进出有序，及时处理呆滞库存
制造过多（早）的浪费	管理者认为制造过多与过早能够提高效率或减少产能的损失，进而平衡车间生产力	尽可能采用单件流的方式，同时平衡生产各个环节，实现均衡生产

成本核算是给现场管理者指明方向，因此，对于生产周期比较长的产品可以考虑在中间某个关键工序设置一个半成品控制点，这样可以更加精细地掌握整个制造链，而不至于因为滞后导致不能及时发现问题。

现场管理最终数据的体现就是成本，车间再整洁、员工士气再高涨，如果成本高，则说明管理者精力投在了错误的方向和领域。运营管理者需要每天清晰掌握各项成本数据，因为这些数据决定了公司经营目标是否能完成。同时，制造部的管理者也需要不断倒逼那些影响自身成本目标完成的部门。例如，开机率低的时候，就应该倒逼市场部、销售部提供订单；相关设备性能差或者材料质量不好的时候，就应该倒逼采购部和工程部。这些都属于成本改善项目的范畴。

举一个笔者操作过的案例。大致的背景是行业出现产能过剩，各企业开始围绕质量提升和成本下降进行管理变革。当时，因为一线的管理人员没有太深厚的管理底蕴，对于提高人均产出没有清晰的概念，对标行业最优秀的企业发现，我们公司的人均产出要低至30%，成本压力可想而知。笔者找了一个车间，让一位 IE 工程师在那里记录人员动作、设备运行的标准工时，最后统计出来的数据显示员工的工作负荷平均值竟然不到30%，也就是说，员工看起来在忙，但是很多是无效的动作、无效的操作。后来，笔者带领车间负责人、班长、IE 工程师、设备工程师及工艺工程师一起成立项目组，对每一个动作进行分解，识别无效的动作、等待的时间及无效的搬运，重新对设备位置进行布局，将设备摆放成半圆形，并对一些物流路径和上料工具都进行了优化，这样一来，一位员工可以操作5台设备，而设备的运行时间正好覆盖5次操作时间，只要顺序排好，完全可以实现无缝对接。一个月后，整个车间的人员减少了35%，甚至可以达到一个人干原来三个人的活。后来，公司的其他车间以此为参考进行整改优化。优化后，人工成本下降了30%，一年节省下来的费用接近300万元。各工序的操作时间，如表7-13所示。

表7-13 各工序的操作时间

工序	机器运行时间（秒）	人操作时间（秒）	人空闲时间（秒）	人员负荷
工序1	465	73	393	16%
工序2	151	33	118	22%
	151	39	112	26%
工序3	4 800	1 635	3 165	34%
	5 100	708	4 392	14%
工序4	143	35	108	24%
工序5	312	29	283	9%
	312	46	266	15%
工序6	373	31	342	8%
	373	49	324	13%
工序7	123	26	97	21%
	123	44	79	36%
	123	50	72	41%
	123	21	102	17%
工序8	390	74	315	19%

（三）现场交期

影响交期的因素非常多，例如，计划部是以什么为依据制订计划的，标准产能是如何制定的，工艺流程是否合理、能否优化，设备的工艺能否改进、优化，员工的作业手法是否合理、能否增加辅助设备优化动作，总结为一点就是企业的 IE 工程是否专业、是否有持续改进的动能。

交期其实是对现场管理者统筹协调能力的考验。正常情况是按计划完成，但是若出现物料异常、设备异常或者人力异常等情况，能否快速协调资源、解决问题就是对管理者能力的检验。所以，交期优化的重点应该放在如何提高设备的稼动率、如何降低物料的异常率、如何提高作业人员的熟练程度等方面。

当然，对于不同类型的企业来说，交期管理的侧重点是不一样的：对于产品型号单一、主要依靠设备加工的企业来说，满足客户的需求及提高设备的稼动率是关键；对于产品少量多样、调整设备及工装夹具相对复杂的企业来说，换线的效率、物料的保供等是关键；对于流水线作业的企业来说，更注重的是人员的熟练程度及线体的合理性，毕竟在企业中生产排程一般是灵活机动的，根据市场的变化而变化；对于生产项目式产品的企业来说，更多体现在项目管理的精细程度上，其核心是多部门的协同推进。

有时候，客户的订单是周期性的，企业如果在销售淡季停产肯定不行，因为每天在消耗固定成本。这时，企业一般会采取提前生产的方式，这是在确保后续销售不存在问题的前提下，以摊薄企业的固定成本，同时锻炼队伍。这类有销售淡旺季的企业一般会有多型号产品，其中一两个一定是市场上通用的产品，这类产品就是用来跑量的，没有利润但可以摊薄成本，而其他的产品就是利润产品，在销售旺季能给企业带来利润。

总之，涉及交期、计划管理和改善的工作是需要多个部门协同进行的。工艺工程部门、采购部门、人力资源部门等经历多次的协同后，会极大地改善各部门的工作流程，从而以更低的成本为制造部门提供更有价值的服务。

（四）员工士气

员工士气其实是一个综合要素的体现，如管理者的能力水平、企业的文化、作业的环境、员工的获得感和幸福感等。如果员工士气高涨，那么这个班组或者车间的管理成本就会变低，所以，基层管理者的管理水平是决定员工士气的核心因素。

在此，对员工士气做以下几个方面的分解：

①班组的氛围：班组的氛围取决于基层管理者能否以身作则，能否打造班组精神；能否融入员工当中，真正成为其中一员；能否主动承担责任，扛起班组目标完成的大旗，扛起团队在部门中价值创造的大旗。很多企业会给基层管理者或者团队一些奖励，让他们有资金去团建，以增强班组战斗力。基层管理者必须理解企业的管理要求，能够服从安排，发挥自身的作用。

②管理者解决问题的能力：在工作中经常会遇到异常情况，如设备坏了、物料不合格等。基层管理者应结合企业的制度，进行处理。流程是一样的，为什么有的基层管理者能快速解决问题，而有的就很慢。这就是执行制度人员推动、协调能力存在差别的体现，需要从制度上保障有清晰流程通道的同时，培

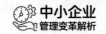
养基层管理者的意志力、推动能力和获取资源的能力。笔者印象很深的几个基层管理者都有同样的特质，主要包括为人刚直，愿意为了部门利益不惜一切代价，敢于叫板、敢于拍桌子。

③员工反映问题的通道：对基层员工来说，消除心中的不满是保障班组士气的重点。因此，企业里或部门里应该有员工反映问题的通道，管理者及时给予员工情绪上的安抚并能够及时调研问题的真实性是至关重要的。很多时候，有些举动看似很小，但是它能带来的价值很大。

④明确目标及追求荣誉：让一个团队快速形成凝聚力的方法就是使团队设立清晰目标的同时，建立竞争机制和营造竞争氛围让团队努力去争取荣誉。人天生对荣誉有强烈的追求。所以，企业要建立这样的机制，并不断给予这些团队荣誉，从而形成团队的文化，甚至形成团队的使命感。

⑤及时的激励措施：对基层员工来说，现实的利益是最重要的。管理者不能要求员工个个都是雷锋，因为他们需要养家糊口。企业管理者应该设计合理的薪酬分配和激励制度。一个清晰、透明的激励制度是可以大大减少沟通成本及管理成本的。

⑥高阶领导的关怀：人都希望被尊重和认可，尤其是基层员工，他们几乎很难有机会接触高阶领导。因此，总经理或者副总经理级别的管理者要不定期到生产一线去关心员工，找员工谈心，以鼓舞员工。这种无形的激励产生的价值是不可估量的。笔者以前在一线做车间主管的时候，车间的产品质量总是上不去，因为是新的行业、新的设备，我没有太多的经验，员工大多数是刚毕业的学生。突然有一天，董事长到一线给全体员工讲话，让他们大胆尝试、总结经验、形成标准。在董事长突然到访之后，全体员工的士气明显不一样了，产品质量也很快有了提升。就笔者自己而言，在担任总经理以后依然坚持每天到车间参加基层干部的早会，让自己成为基层干部的"道具"，给他们机会去表扬员工、激励员工。

第五节
流程改善

对中小企业来说，流程是需要不断优化的，因为在企业发展的不同阶段，组织形态不断发生变化，其相关流程也随之变化，这就要求干部和员工在理解流程的意义和价值的同时能够发现流程的问题。

在对流程进行改善时，需要清晰地知道流程的要素，再有针对性地去优化。第一，这个流程的目的是什么？第二，这个流程的输入和输出是什么？第三，完成这个流程需要什么样的资源？第四，具体每一个动作的责任人是谁？第五，每个环节的风险是什么？流程一定是围绕最高效和最低风险这两个要点来制定或者优化的。所以，在流程执行过程中，遇到小的问题时一定要反思。很多时候，因为惯性思维和固有习惯会让人坚持一个无效的流程很长时间。例如，有的企业刚开始的时候现金流比较紧张，采购物品需要财务部审批后，再让总经理批准。虽然不太合理，但是在那个阶段确实是有一定合理性的，能够在某种程度上减轻总经理的部分压力。后来，这个企业慢慢好起来了，这个流程仍然一直存在，这样就影响工作的效率。

流程本身是规定该做什么，但是也会导致员工在流程没有规定的事情上就丧失能动性的局面。因此，流程不是越多越好，也不是越复杂越好。在企业的早期，流程的价值可能没有高阶管理者的经验重要；在企业的中期，组织越来

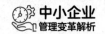
越大，管理者的经验就覆盖不了整个业务的管理了，此时流程就很重要；在企业的成熟期，就要考虑流程的优化，因为组织的共同意识已经形成，曾经的一些流程动作已经变成一种习惯或者一种常识，此时就应该简化流程，甚至进行流程再造。总之，每一个阶段都应该是在最低成本和最低风险间寻找平衡，每个阶段的平衡点是不一样的。

流程改善的要点如下：

一、职责划分

在企业中，经常会涉及很多跨部门的流程，而在企业发展过程中需要不断明确各部门的职责边界，以对流程进行设计或者优化。很多企业成立之初，由于专业人员稀缺，在设立部门的时候会将质量部划归到技术部，让技术总监统一管理。这样的好处是能在快速定位问题、解决问题的同时提升员工的专业能力，缺点就是缺少质量部对技术部的监督，从而造成新材料的导入、研发结果的确认及现场异常的处理等几方面的失衡。随着企业的发展，质量部需要独立出来，此时，技术部的流程就要做大量的修改。例如，新材料的导入到底是技术部主导还是采购部主导？什么阶段技术部主导，什么阶段采购部主导，流程设计都是不一样的。

部门职责的优化需要各部门的管理者不断在实践中去反思和总结，结合企业的战略及人力资源规划去优化职责设计。所以，笔者建议企业每年定期讨论组织设计的合理性并由此展开对流程的优化。

二、步骤设计

改善的四个方法是取消、合并、重排、简化，这在流程优化中同样适用。在设计步骤时，首先考虑哪些步骤是可以取消的，因为取消是最佳的优化路径。当然，取消步骤时不仅要考虑效率，还要考虑风险，更要考虑用先进的技术实现传统的流程，如信息化技术、程序化技术等。例如，ETC的技术应用就逐步替代了人工刷卡付费开闸的传统流程；物联网的应用就可以减少一些工厂关键阀门、电气设施参数巡查确认的流程。

三、责任人明确

很多传统的流程执行过程，尤其是审批过程，一般是由文职人员处理的。很多文职人员需要在流程执行上花大量的时间，很多时候，审批部门会单方面地修改审批的责任人，甚至存在有的审批人因为怕承担责任而推给上级审批的现象。这些都是有问题的，证明该流程有漏洞和风险，应该再次评审。应该下放的权限就要下放，否则就会增加内部的交易成本；有些不该下放的权限下放了就会增加风险。无论什么权限，都必须明确具体的责任人；无论审批级别如何，都必须明确责任人的唯一性。

四、流程输出内容

一个流程一般要输出一些评审单和一些报告，但是很多时候流程输出内容的标准和要求往往没有很清晰的界定，从而导致流程的效果大打折扣。所以，企业管理者在做流程改善的时候应该多关注流程输出的结果，并不断将其标准化。例如，在做研发项目的评审时，不仅要有评审结果的单据，更要有详细的评审过程记录，这样易于将问题讨论清楚而不仅仅将其变成一个例行的动作。将流程输出内容过程化、标准化，可以有效地打破程式化的结果输出。

五、风险控制点

流程优化的一个重要作用就是控制风险，因此，与其相关的审核、审批、批准也会随着企业的发展而调整。例如，在企业刚起步的阶段，很多流程的审批需要到总经理层面；随着企业规模越来越大，组织越来越健全，相关的审批权限就需要做出调整。当然，对于企业中一些重大的事项，如安全问题、一些重复发生的管理问题，应该调整到更高的级别来审批。

需要相关部门知晓并评估意见的流程是非常多的。例如，偏重控制风险的部门有内控部、运营管理部、质量部、财务部等。企业在起步阶段往往因为追

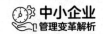

求效率或者该部门的专业程度低而简化了相关的风险控制节点，但是，随着企业的发展，需要弥补风险漏洞；有的企业早期阶段技术部比较强势，在新材料的导入、供应商的导入流程中起着主导作用，随着企业规模的扩大，技术部有单方面的决定权就使得新材料的质量参差不齐，因此，应该将新材料的导入工作分解，采购部负责找供应商提供物料送样，技术部按照标准流程制作样品，质量部根据相关的标准进行后续的测试判定。海尔集团在品控方面的做法一直是国内民营企业学习的典范。海尔集团在新品验证导入的流程中，经过研发部做过整个可靠性验证等各项测试合格后，还需要到独立于集团内各部门的检测公司再做相关的型式试验、材料一致性试验等。检测公司没有出合格结论，这个新品就没有办法在生产基地进行后续的导入流程。这个检测公司的存在就是在新品验证导入流程中增加的风控节点。流程管理要素，如图7-11所示。

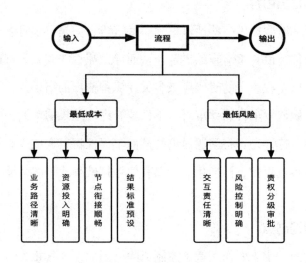

图 7-11　流程管理要素

总之，流程需要根据企业的发展阶段不断被优化。员工只要在流程中发现疑似不合理的地方，都可以提出来讨论。流程的优化可以节约大量的时间成本或者大大降低风险成本，因此，管理者要在企业中营造一种敢于质疑流程的氛围。

企业最高决策者要在恰当的时候尽可能限制自己的权力，让其变成流程的一部分。企业最高决策者不要抓着权力不放，不要放权了以后就没有安全感、没有存在感，尤其在企业发展到了规范化阶段以上的时候。例如，有些老板擅长工艺技术，就经常到车间里指指点点，搞得现场的管理人员和技术工程师不知道该怎么开展工作；有些老板是做销售出身的，就破坏销售管理流程从而导致丢失客户的情况。企业高阶管理者一方面要将精力放在更重要的事情上，如战略制定、市场开发、团队建设等，另一方面要享受这种建立流程解放自己的快乐。如果企业管理者突破不了自己的舒适区，那么要想对企业进行变革，想要企业更加规范，真正实现从"必然王国"走向"自由王国"就希望渺茫。任正非说："'子在川上曰：逝者如斯夫！'我讲管理就像长江一样，我们修好堤坝，让水在里面自由流，管它晚上流、白天流。晚上我睡觉，但水还自动流。水流到海里面，蒸发成水汽，雪落在喜马拉雅山，又化成水，流到长江，长江又流到海里，海水又蒸发。这样循环多了以后，它就忘了一个还在岸上喊'逝者如斯夫'的人，一个'圣者'，它忘了这个'圣者'，只管自己流。"

第六节
管理改善

很多人因为对管理的定义不清楚会将一切改善都定义为管理改善，这样很容易在概念上造成混乱，例如，流程改善就应该与管理改善有一定区别，因为它们的维度是不一样的。因此，需要将管理改善拿出来作为一个改善项目，让各级的管理干部不断学习管理技术，从而对现有的管理方法进行不断优化、创新。管理改善主要聚焦在组织设计、绩效设计、制度设计、企业文化推广等方面，重点在于效率和效果两个目标维度，以及在人和事两个过程维度上进行优化。

对于组织设计的改善，是要让各级干部去思考本部门组织架构如何优化以适应企业的发展，主要包括哪些属于战斗部门，哪些属于服务部门，哪些属于监督部门，如何在既要考虑效率也要考虑效果的情况下配置资源。

对于绩效设计的改善，需要各级干部深刻理解绩效管理的同时对其适用范围不断做出调整，以起到对企业各级干部和员工形成持续激励的作用。例如，有一个企业设定了销售总监、销售经理及业务员的绩效，销售总监自己开发的客户，提成是5%，部门其他人员的业绩，他可以获得2%的提成；销售经理自己开发的客户，提成是5%，部门业务员的业绩，他可以获得2%的提成；业务员的业绩提成是5%。这样在早期是没有问题的，但是企业在发展到一定规模，需要管理较大规模的销售团队时，问题就会暴露，会出现销售总监、销售经理和业务员抢客户的现象。因此，在设计绩效时，应该让销售总监发挥建体系、带团队的作用。通过制定不同的奖励方案，从而聚焦提升团队的业务水平及完善部门的制度建设。类似地，对于车间关键岗位的绩效考核设计等也需要根据执行的情况不断调整。

制度的设计需要聚焦制度制定的目的和产生的效果。很多制造企业创新能力不足的很大一部分原因是企业文化的缺失，因为制造企业基本是围绕目标一步步按计划执行的。很多企业对研发部门也采用这一管理方式，设定季度、月度目标，这样的框架会大大降低研发部门创新的可能性。对于研发工作，采用传统绩效考核框架本身就存在结构性缺陷，毕竟研发工作需要较长的周期，如果按照传统的方式考核就会出现员工应付考核的可能。制造企业的管理者对研发部门的要求并没有结合研发工作的特点，很多时候，就像给你一块地，你每年得种出多少庄稼一样。但是很多研发工作是需要在地里先种三年草，把地养肥了之后才能种出好庄稼。很多企业的管理者对此不理解，心急，见不到回报，就半途而废，导致很多研发项目颗粒无收。如何激发员工的热情是大部分管理者跳出现有管理模式、重新审视部门管理的一个重要视角，很多时候往往能取得更好的改善效果。

在企业文化推广方面的改善，需要各级管理者深入思考，想员工所想、急员工所急。在工作中，管理者不能只会要求员工服从这个、服从那个，参加这个活动、参加那个活动，仅仅为了一些宣传的素材而不考虑员工的意愿和诉求，从而导致企业文化推广遇到阻力。切记，一定要建立员工反馈的通道，并有针对性地回复，从员工的意见和建议中找到能改善的点。

以上是为企业管理者如何进行改善管理提供的一些思路，如何落实每一个改善点则需要有关部门去主导。这里笔者推荐使用《改善流程单》，如表7-14所示，作为一个部门间改善或者部门内部改善的接口单据。

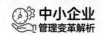

表7-14　改善流程单

收文部门:		发生时间:	
问题描述:			
提报部门:		提报人:	
问题确认签字:			
改善措施:		改善责任人:	效果确认:
责任人确认:		完成期限:	标准化确认:
责任部门负责人确认:	提报部门负责人确认:	运营管理部确认:	

说明：效果确认由责任部门负责人确认签字→提报部门负责人确认 →运营管理部稽核。

● 提报部门或提报人找接收部门或接收人签字确认，并要求回复改善措施与时间、在改善时限内跟进改善、到期确认改善结果。

● 提报部门在异常改善期限内确认效果（按期完成或未按期完成或延期完成），由提报部门记录，并将确认后的第三联单交至运营管理部稽核。

● 接单部门责任签字人不能拒绝《改善流程单》，对有异议或责任不符的要当面沟通，沟通协调不了的可以提请上司评判，如仍处理不了则反馈给运营管理部协调。

● 接单签字人员在《改善流程单》上签字确认后应针对问题落实改善，在限定时间内完成并主动反馈发单人，如有客观原因不能完成应向发单人申请延期，如无延期亦无改善的只能判定为"未按期完成改善"，这种情况最终会体现在部门绩效考核的"有效改善率"方面，并作相应的扣分处理。

● 运营管理部在接收各部第三联《改善流程单》后，对未按期完成的改善项目进行稽核，了解未完成的原因，对已改善的项目进行稽核，复核改善效果，对延期改善项目的稽核需要确认有无正式沟通。

● 运营管理部每周整理一次各部门提报的《改善流程单》，进行"有效改善率"的统计并汇报，作为各部门月度绩效考核的依据。

● 如果是部门内部的《改善流程单》，则由部门内部进行跟踪稽查。

使用场景，如表7-15所示。

表7-15 改善流程单使用场景

领域	范围	举例
检查	部门间或内部检查出的问题或者流程方面需要定期解决的问题	质量部现场巡查人员发现生产部 SOP 没有及时更新，要求其限期改善
协同	部门间或内部会议、项目中需要协同推进的事项	在生产现场协调会上，生产部要求采购部在采购限期内采购设备配件
要求	对下属重要性高的工作要求	生产部经理要求生产主管将 TPM 作为项目导入并提供导入计划
建议	对下属或其工作部门的改善建议	员工建议行政部改善食堂用餐环境和餐具卫生

《改善流程单》的应用，可以大大提升团队内部或者跨部门的执行效能，降低沟通成本，形成执行文化。《改善流程单》记录及执行情况示例，如表7-16、7-17所示。

笔者在此重申一下：管理工具和方法的应用一定是动态的，必须结合企业自身所处的管理阶段和发展状态。这个工具在企业需要从基础管理阶段到规范管理阶段或者精细化管理阶段升级的时候是非常实用的，有利于企业形成管理势能和执行文化。当然，变革期的企业用这个工具也是可以的。当企业制度、流程更加完善，企业标准化基础已经夯实，企业创新文化也形成的时候，企业管理者就可以采用更加简单、高效的管理工具。

表7-16 《改善流程单》记录表（17周）

提出部门	提报人	提报时间	问题描述	责任部门	责任签字人	改善措施	改善时间	提报人确认改善结果
运营管理部	杨**	20**.4.19	在KPI考核统计过程中发现部分订单由于特殊原因未及时采购或目前还未到货等，虽未造成停产但也未进行书面回复，这种情况存在风险	采购部	饶**	按流程执行，部门内部进行检查确认	20**.4.20	5月复查
运营管理部	杨**	20**.4.19	在统计稽核3月KPI考核依据时，3月的主材申购单的需求日期未填写，无时间节点，追溯上存在时间空缺，存在物料到货不及时等风险	物控部	王**	每月物料计划体现第一批物料到货时间，主要通过追料单体现	20**.5.3	5月复查
质量部	张**	20**.4.24	新文件《问责机制管理制度》已下发，因之前财务有两个部门，旧版文件《事故听证会管理制度》《异常改善管理办法》只回收一份	财务部	刘**	后续由专门文员保管订立目录，登记在册，如有新发现文件丢失则追究保管人责任	20**.4.25	5月复查
质量部	方**	20**.4.24	装配全自动工序：自动入壳点底焊滚槽、盖帽焊、注液。4月23日现场开机点检在清洁表单中未有记录	生产部	李*	改善填写，有一些设备开机点检记录表单中的点检项目不适应生产部检查项目，5月更改点检表单	20**.5.4	完成
物控部	喻**	20**.4.25	包装车间在统货电芯时未用打包带，只封一层胶带，有的胶带已脱落，运输过程易造成包装破损，品质未按要求监控	质量部	杨*	后续未出货电芯要求包装打包出货，质量部修改出货检验规范	20**.4.28	完成

表7-17 部门《改善流程单》执行统计

部门	发改善单次数	按期改善次数	未按期改善次数	待完成次数
运营管理部	16			
计划物控部				
采购部		1		
行政人事部				1
财务部				
生产部		17	16	1
质量部	7	2		
设备部		1		
技术部			1	
合计	23	21	17	2

第七节
改善体系的建立

改善体系的建立需要企业由主导改善的部门及全员提案改善"两条腿"并行来推动。很多企业管理咨询方会给一套全员提案改善的制度让企业去导入，但是效果往往是不好的。因为在企业改善文化没有形成之前必须由主导改善的部门肩负起改善的推动工作，并将该指标设计成其部门的 KPI。

还有一种情况就是企业在对改善进行定义时弄得很复杂，导致很多原来有意愿去提建议的员工在发现流程烦琐后，失去了兴趣。

因此，改善体系的建立必须注重以下两个方面：一是必须由责任主体部门承担某些领域的改善工作，并使其成为部门的考核指标；二是必须将员工提案改善流程设计得简单易操作，给予员工充分的激励。

一、改善体系的主导部门

企业需要持续改善的方面及其主导部门，如表7-18所示。

表7-18 改善主导部门

领域	部门	职责范围
6S 改善	行政部	对企业厂区内的所有6S管理工作负责。制定相关的区域责任、管理标准及检查标准，并执行检查和评比工作。推动企业厂区的整洁度、设备的日常保养效率、工作环境的干净明亮程度、员工素质的提升
质量改善	质量部	对企业的质量链负责，主导涉及品质提升的所有改善推动工作。具备对异常的分类及识别的能力，并推动相关的责任部门进行整改，最终优化相关的制度、标准、工艺要求等。将每月制定改善项目推动成果的次数作为KPI中的一项
管理流程改善	运营管理部	对企业的管理流程进行审核稽查，并在日常的异常事故中将最终原因定位在管理流程上，不断优化企业的管理流程
IE 工业工程改善	技术部	对制造部门的工序工艺进行评估优化，对人员效率进行核对，不断减少各种浪费，对自动化、智能化制造进行考察、调研，并推动导入

对于制造部门来说，现场改善的三个领域需要各级管理者将其纳入日常管理工作，将发现问题、解决问题作为现场管理工作的一个重点，尤其是在企业发展阶段，要让改善成为管理者必须做的工作，甚至作为评价管理者工作能力的重要指标。现场改善各级管理者的职责，如表7-19所示。

表7-19 现场改善各级管理者的职责

现场改善	职责范围（副总经理/总监）	职责范围（经理）	职责范围（主管）
6S 改善	制定部门6S管理体系，包括区域、标准以及检查评比等，并不定期对现场进行检查	每天对管理区域进行检查，定期组织对各下属辖区进行评比并对改善情况进行通报	组织好部门内部交叉检查工作，每天亲自对现场的问题进行检查，并按要求进行奖罚
异常改善	对异常进行评判并监督下属的改善结果	根据异常管理制度的要求执行相关的分级管理工作，修改部门的管理制度同时输出相关责任人员的奖罚结果	根据异常管理制度的要求执行相关的分级管理工作，并不断优化，确保问题能快速解决
项目型改善	统筹制定项目型改善规划及阶段性目标，采用SMART原则向下分解目标	召集核心团队，根据阶段性目标制定改善计划及行动方案	执行改善计划、行动方案

二、全员提案改善

改善体系的主导部门是背负着改善指标的，是通过管理推动改善活动持续进行的。但这远远不够，还需要让更多的员工愿意参与改善工作，使其智慧能

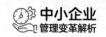

被发掘。所以，全员提案改善体系是一个引导性的体系，只有当改善文化形成以后，好的企业文化才能真正形成。

（一）提案改善的类型

提案改善分为建议类改善、创新类改善。

建议类改善指的是鼓励员工对公司提出建议，并得到实施的一类改善。建议类改善的执行不分部门，由提出建议的部门经理负责该建议的协调工作，该项建议得到实施后即可申请奖励。

创新类改善指的是鼓励员工不断对本部门、本岗位进行创新，并得到实施、取得效果的一类改善。创新类改善主要针对本部门、本岗位的创新，分为技术创新改善和管理创新改善。

技术创新改善指为了提升各专项技术能力、技术水平而做出的各项改进、改善发明等。管理创新改善指为提升公司管理水平而提出建议、方案等，促进制度的改进，组织结构的调整，工作流程的优化。

（二）提案改善的认定标准

提案改善的认定标准，如表7-20所示。

表7-20 提案改善的认定标准

类别	定义	处理级别	奖励
建议类改善	所有未实施的好建议，在无形价值或有形价值上对公司的发展有积极作用	部门经理负责跟踪处理，最终交由行政部汇总	现金10元，成长积分1分
一般创新改善	已经实施的改善，产生年价值小于1万元	部门经理确认并提报行政部汇总	现金100元，成长积分3分
中等创新改善	已经实施的改善，产生年价值大于1万元小于50万元	公司副总经理确认后，由运营管理部核实并提报行政部汇总	现金100～5 000元（线性），成长积分3～10分
重大创新改善	已经实施的改善，产生年价值大于50万元	部门确认后交运营管理部核实并由总经理签批，最终报行政部汇总	现金5 000元以上（线性），成长积分15分

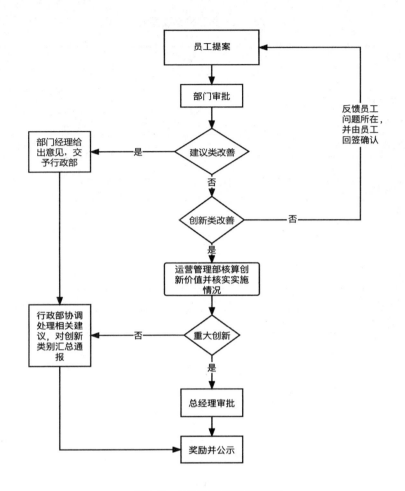

图 7-12 **全员提案改善实施流程**

在企业发展早期阶段，不要指望员工能提多么完善的方案，所以要尽可能让部门的管理者辅导员工去完成提案，要给他们设置最简单的操作界面，让员工愿意提改善方案。随着企业越来越成熟，可以将流程细化，让每一个员工和其所在的班组都能获得提案的奖励。与此同时，要对部门改善工作优秀的管理者进行表彰，并给予物质奖励。

全员提案改善实施流程，如图7-12所示，员工只需要填《员工提案改善表》就可以了，后续的工作就由部门的管理者安排对应的人员负责。《员工提案改善表》，如表7-21所示。

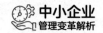
表 7-21　员工提案改善表

申请部门		申请日期	
申请人			
1. 申请内容描述			
申请类型：□ 建议类改善　　　　□ 创新类改善（□ 管理创新　　□ 技术创新）			
提案描述：			
改善措施：			
2. 实施情况			
改善前：			
改善后：			
部门签署意见：			
3. 审核意见			
运营管理部意见：			
行政部意见：			
总经理意见：			

第八章
人力资源
管理

第一节
管理变革——人力资源管理

　　管理变革本质上是围绕企业经营目标而展开的以"事"和"人"两个维度为基础的管理体系的构建和完善，以形成持续创新的企业文化。在这个过程中，必然需要实现企业的组织优化及人力资本的不断增值，这样才能促进运营管理体系不断优化。因此，人力资源管理的核心价值是保障企业发展战略得以顺利实施，让企业的人力资本不断增值，从而激励全体员工愿意持续奋斗。用句通俗的话说，就是找到合适的员工，并让他们持续跟着公司干，而且越干越好，最终让客户满意、员工开心、公司挣钱。

第二节
人力资源规划

组织变革其实是根据企业发展的阶段所需要实施的战略做出的组织调整，其目的就是变革后的组织能适应企业的发展。人力资源管理属于组织变革中一个重要的管理模块。如果一个企业要变革，而人力资源管理没有跟上其变革的步伐，则其变革的效果肯定难以达到预期。

目前，国内很多中小企业的管理者对人力资源的概念并不是很清楚。他们对人力资源的认知一般分为三个阶段：

● 初级阶段：通常把人事部当成做考勤、招聘员工及管理劳动合同的部门，更多的是将其并入行政部门。

● 中级阶段：人力资源部门是独立的，职能也是完整的，但是在企业经营中发挥的作用并不大，只是基本满足企业招人、培训、绩效考核等需求，但是在组织设计、岗位设计、绩效管理等方面并不能发挥出很好的激励作用。

● 高级阶段：人力资源部门是企业的重要部门，是配合企业战略发展的重要部门，是企业可持续发展的重要保障。很多企业有人力资源业务合作伙伴岗位，这个岗位的员工与事业部负责人一起肩负事业部的发展重任，一个负责具体的业务，一个负责人才管理。与此同时，企业高层每年都会对企业各级人才进行盘点，因为企业增值的不仅有业务的增值，还有人才的增值。

企业在任何发展阶段都需要人力资源管理，将匹配企业发展阶段的人力资源管理纳入企业管理体系，一边发展，一边完善人力资源管理。

人力资源管理是一项长期的工作，每个企业在每个阶段都要投入一定比例的资源去做这项工作。如果一开始企业主没有这样的思路，那么这个企业就会遇到发展的瓶颈，甚至出现系统性的风险。

秦国在秦孝公执政时是君弱国穷，但是秦孝公明白只有人才才能让秦国富强，而自己国家的人才寥若晨星，唯有引进其他国家的人才才能带给秦国新的机会。于是，他下令求贤，后来商鞅去了秦国。商鞅去了秦国以后，建立了一套人才管理体系，让秦国在军队和农垦两个领域调动起全国百姓的积极性，同时建立相对先进的人才选拔机制，鼓励作战和耕种，从而给国家带来新的土地和粮食，吸引他国的百姓加入，同时在战斗和耕种的过程中不断选拔出优秀的人才，使其成为治军打仗的将领或者农耕的能手，这样使得秦国具备了持续发展的动力，最终统一六国。

所以，中小企业的运营管理人员必须懂得基本的人力资源管理。企业的运营分为两个部分，即"事"和"人"，只有在这两方面齐头并进，才能给企业增值带来可能。企业各时期人力资源六大模块的状况，如表8-1所示。

表8-1　企业各时期人力资源六大模块的状况

六大模块	初创期	成长期	成熟期
人力资源规划模块	规划非常重要，如企业短期需要什么样的人才，重要岗位需要做什么样的人才配置等	企业快速发展过程中的人力资源战略规划极其重要	定期盘点企业的人力资源是否有过剩的情况或者是否需要开拓新的业务板块
人员招聘与配置模块	中等	重要	一般
培训与开发模块	简单宣导	重要	重要
绩效考核模块	聚焦重点	需要构建体系	优化体系
薪酬与福利模块	简单	需要构建体系	优化体系
劳动关系模块	正常	重要	重要

作为一个运营管理者，必须对这六个模块有所了解。在这六大模块中，最

重要的模块是人力资源规划。人力资源规划其实就是根据企业的发展战略制定人力资源战略。如果企业没有发展战略，那么人力资源规划也就无从谈起。很多企业的人力资源师没办法做好人力资源规划是因为他们不清楚企业的发展战略，或者企业的决策层可能也没有制定清晰的发展战略。一般来说，人力资源规划包括以下五个部分的内容：

一、分解企业战略规划，识别企业重点业务

一般企业会有三到五年甚至更长时间的一个战略规划，尤其是成长得很好的企业。人力资源部门就应该根据外部环境和内部战略的综合信息制定符合企业战略发展的人力资源规划。企业的运营管理者应该和人力资源部门一起根据企业战略规划明确企业未来的组织架构，即企业需要什么样的部门设置，每个部门的职能是什么、需要什么样的人、需要多少个人、重点的业务领域是哪些、需要什么层级的人员，这些人员是企业自己培养还是外聘，如果企业自己培养需要做哪些准备工作，如果外聘应该如何精准获得人才等。

中小企业的人力资源管理一般做不到这些。因为在企业规模不大的时候，企业主往往比其他人更了解企业的人才需求，即使有相对专业的人力资源管理人才，企业主更相信自己的感觉而不是听取专业的意见。正因为如此，中小企业的运营管理者必须懂人力资源管理，只有这样才能做好统筹，避免因组织发展遇到瓶颈而制约企业的发展。

二、制订人力资源需求计划

在企业的战略规划期限内（一般为三到五年），企业的管理者需要针对核心人员的任职资格进行梳理，如学历、经验、素质等，并梳理出对中层和基层人员的要求。此外，企业的管理者也需要考虑一些变量，例如，在战略规划期内，可能会有多少人离职？会有多少人升迁或调岗？考虑好这些因素，人力资源需求计划才能更加完善，才能让人力资源部门把主动权交给用人部门，从而让用人部门参与制订人力资源需求计划。当然，中小企业会存在一个现实的问

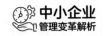
题，即部门负责人的能力上限是部门的人才上限，这个问题往往是人力资源管理工作中难以回避的问题。因此，企业的管理者必须顾全大局。

三、制订人力资源招聘计划

根据人力资源需求计划制订人力资源招聘计划，将人员分级分类梳理，通过不同的招聘渠道（如社会招聘、同行推荐、校园招聘等）招聘人才。

四、制订人才培养计划

很多企业的管理者并不想在人才培养上配置太多的资源，担心自己辛辛苦苦花钱、花时间、花精力培养的人才，没干多久就离职了。因此，这些企业的管理者可能会降低人才培养的预算。事实上，就单个企业来说，这种想法有一定的道理，但倘若将其放到整个社会层面上来看，整个社会是一个开放的整体，这种思虑便显得大可不必。因为单个企业为社会培养人才，整个社会何尝又不是在为单个企业培养人才？

一般将人才培养分为四个层次：

（一）新员工培训

新员工培训的作用是增强员工对企业的认同感。培训的内容一般包括企业历史、企业文化、经营理念、规章制度、工作流程、业务知识等。新员工培训一般应由人力资源部主导，相关部门配合。

（二）通用培训

通用培训的作用是提高员工的职业技能与职业素养。培训的内容一般包括沟通技巧、商务礼仪、团队合作、商业道德、职业生涯规划等。通用培训一般应由人力资源部主导，相关部门配合。

（三）专业培训

专业培训的作用主要是提高员工的业务能力。专业培训一般应由各部门主导，人力资源部配合并督导。

（四）领导力培训

领导力培训的作用主要是实现企业各级管理者的自我价值，提升其管理技能。培训的内容一般包括管理艺术、激励原则、授权技巧、责任与道德等。这类培训应由人力资源部门聘请外部讲师来进行，或者由企业职业化程度高的高层来进行。

中小企业的管理者要想实现快速发展的方法就是花资金、花精力去培养干部和员工。中小企业培养人才的目标是使人才在能力上能比肩头部企业的人才，同时还对本企业的文化有非常高的认同感。当然，适当地引进外部人才对企业发展是有益的，不仅可以使企业获得外部信息、资源及新的理念和方法，也可以在内部群体中产生"鲶鱼效应"。

五、制订人力资源激励计划

正所谓"好钢用到刀刃上"，用人也是一样，合适的人只有用到合适的岗位上，并对其加以激励，才能发挥其最大的作用。因此，企业应制订人力资源激励计划，以更好地实现人岗匹配，同时，明确薪酬激励制度，使职位升迁、荣誉授予等有章可循。

企业的管理者只有把激励工作做好了，才能最大化地发挥员工的聪明才智。

人力资源规划其实就是提前做好与"人"相关的工作，然后按此路径付诸实施。总而言之，人力资源规划就是提前为企业攻坚克难提供人力资源保障，确保企业的发展不会因为人才的缺失而产生阻滞，甚至倒退。

第三节
组织变革

一、打破部门间的沟通壁垒

组织可以被视为一个协作体系，在这个体系中，有效的沟通是实现合作的基础。组织沟通，指的是员工为了实现组织目标，依托组织的制度、规则和文化，与其他员工进行信息的交流和传递，以达成共识、协同行动或满足需求，从而推动组织目标实现的动态互动过程。高效的组织沟通能够确保管理者的指令迅速传达，员工工作进度的信息及时反馈，以及促进彼此间的思想碰撞，这是组织高效运作的先决条件。

然而，当前组织中普遍存在着一些沟通障碍，如沟通渠道不畅通、部门间横向沟通不足、组织沟通缺乏开放性、非正式沟通产生负面影响等。

组织设计不合理往往是组织沟通不畅的根源。这在企业中通常体现为两个主要问题：一是纵向管理层级设置得过于繁多；二是横向部门划分得过于细碎。当组织的管理链条被拉得过长，也就是管理层级过多时，信息在传递的过程中就容易失真，并且会拖慢信息在上行和下行沟通中的传递速度，进而降低组织的整体效率。如果管理者的意图难以传达给员工，或者员工的意见、建议等无法顺畅地上达至管理层，就可能引发一系列不良后果，如员工的不满情绪累积和离职意愿增强等。如果部门划分得过于细致，导致组织变得庞大而臃肿，就容易加剧部门间的矛盾冲突，阻碍信息在部门间的顺畅流通，从而影响组织工作的整体协调性。此外，组织中还可能存在权责不匹配、"多重领导"等现象，从而加剧成员间的冲突和矛盾，使得组织沟通无法顺畅进行。

横向沟通的不充分主要体现在两个方面：一是不同部门间的沟通障碍；二是不同岗位间的沟通不畅。在基于职能划分部门的组织结构中，各个部门需要相互协作，通过持续的沟通协调实现组织目标。部门间的交流不仅有助于工作方法的创新与实施，从而提高组织整体效率，还能在解决类似问题时相互借鉴，提升组织运行效率。然而，一些组织内部缺乏部门间的横向交流，导致信息不对称、误解和信任缺失，进而引发矛盾和冲突。岗位是根据组织目标来设定的，每个岗位都有其特定的要求和职责，个体的能力决定了其能胜任的岗位。岗位的责权应当是明确的，以确保每项任务都有相应的岗位负责人完成。岗位间的沟通实质上就是人与人之间的沟通。与部门间的协作一样，岗位间的协作也是不可或缺的。然而，在一些企业中，岗位间的沟通存在障碍，这不仅不利于企业的发展，同时也不利于提升员工的工作能力和团队的整体水平。

组织沟通缺乏开放性主要体现在以下两个方面：一是组织内部存在沉默文化。员工的意见和建议对组织的创新与发展至关重要。然而，很多企业面临着员工沉默的问题。员工可能因为畏惧管理者或担心提出建议后面子受损，而选择保持沉默。部分员工也可能出于"多一事不如少一事"的心态，或者害怕因提出建议而遭受排斥，因此不愿向管理者提出建议。更为关键的是，即使员工鼓起勇气提出建议，这些建议也往往被管理者忽视。这既可能是因为职位差异使管理者倾向于接受自己主动寻求的信息，而忽视员工的主动反馈，也可能是因为管理者和员工的认知差异，导致管理者未能认识到员工建议的价值。二是信息在传递过程中存在不完全表达的问题。这既包括管理者在向下属布置任务

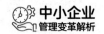
时未能提供足够的信息，导致员工难以高效完成任务，进而影响组织绩效，也包括员工为了维护自己的专业地位，而故意隐瞒某些关键信息。此外，民族文化、组织文化、职业群体的亚文化等文化因素，也可能成为沟通障碍的根源，进一步加剧信息不完全表达的问题。

非正式沟通指的是在组织中通过非正式途径进行的信息交流。它在组织中难以避免，是员工情感交流的一种需要，能够营造活跃氛围，增强组织内部的凝聚力。然而，非正式沟通也可能带来负面影响，尤其是当负面信息迅速扩散时，会严重干扰企业的运作和发展。小道消息涵盖了各种非官方的信息，包括个人观点、猜测等。小道消息传播迅速且覆盖面广，但由于缺乏正式渠道的权威性和可信度，其内容的真实性往往令人质疑。如果那些对组织发展不利的小道消息在具有对抗性质的非正式组织内流传，可能会给组织带来难以预料的损害。越级报告也是非正式沟通中值得关注的问题。它指的是员工违反组织规定的沟通流程，跳过自己的直接上级，向更高层级的领导汇报工作。在竞争激烈的工作环境中，一些员工可能为了争取晋升机会或表现自己，而选择绕过自己的直接上级，直接向更高层级的领导展示自己的能力，这种行为不仅会破坏员工与其直接上级之间的信任关系，还会扰乱组织的正常秩序、激励机制和沟通体系。

根据管理学家巴纳德的理论，管理人员的首要职责是建立和维持一个有效的沟通体系，这主要依赖两大核心要素：组织结构与人事配置。组织结构是沟通体系建立的基石，它涉及部门和岗位的合理设置。部门和岗位的设置应紧密围绕组织目标展开，确保工作的有效分工与协作。为了提升沟通效率，组织结构应倾向于扁平化，层级数量建议控制在三到四层，以缩短沟通路径、加快信息传递速度、减少信息传递错误。此外，组织设计还需要遵循权责对等原则，确保每个岗位和部门都明确自己的职责和权力范围。人事配置是沟通体系顺畅运行的关键。这包括人员的选拔、调配以及薪酬奖惩等方面。在人员选拔和调配时，应坚持能力与岗位相匹配的原则，确保每个岗位上的员工都具备胜任该岗位的能力。同时，薪酬奖惩制度应体现公平公正的原则，即员工的薪酬应与其所在岗位的价值相匹配，而奖惩则应根据员工的表现来决定。这要求企业建立一套公平、公正且有效的绩效管理体系，以激励员工积极投入工作，保持沟通体系的畅通无阻。

为了消除部门间的沟通障碍，企业必须高度重视并积极推动组织内部的横向沟通。首要之举是设立跨部门会议机制。跨部门会议不仅是企业对组织内部的横向沟通重视的体现，更需避免其流于形式，因此应通过制定会议章程来确保其有效性。这类会议为各部门提供了面对面交流的平台，促进了问题的深入探讨和思想的碰撞交融，有助于营造开放的组织氛围，加速部门间的融合。此外，企业还需紧跟时代步伐，积极采用新技术、新方法以提升组织效能。在"互联网＋"时代背景下，企业应充分利用互联网的强大功能，构建内部公共信息平台，实现信息的全面共享，加快信息在企业内部的流通速度。这一平台不仅具备开放性和互动性，还极大地拓宽了企业的沟通渠道。通过浏览员工在平台上反馈的信息，管理者能够洞察组织存在的问题，从而作出更加明智的决策。

此外，建设积极的组织沟通文化也是消除部门间沟通障碍的重要途径。首先，管理者需要认识到诚信是沟通的金钥匙。当管理者始终将诚信作为沟通的基本原则时，员工会逐渐接纳这种沟通原则，进而将其视为沟通的基本前提。通过在企业内部进行教育培训，如强调"信任建立在诚实沟通之上""拒绝模糊沟通""信息和事实是组织发展的基石"等理念，可以影响员工的沟通行为。其次，营造开放的沟通氛围的关键在于缩短人与人之间的心理距离。良好的物理环境对营造开放的沟通氛围至关重要。为了拉近心理距离，管理者应与员工分享自己的真实想法，避免员工猜测其意图。作为组织沟通的核心，管理者需先打破因基础假设不同而产生的沟通障碍，并鼓励员工效仿。同时，缩短人与人之间的空间距离也有助于促进沟通。例如，通过合理的座位布局，使管理者的办公室与员工办公区相邻，员工之间座位紧凑，便于随时交流；设置开放区域，如休息区等，增加沟通的便利性。最后，值得注意的是，组织倡导开放并不意味着无序。企业内部的等级制度应得到尊重和维护。对于越级报告及散布对组织不利的谣言等行为，应明确禁止并制定相应的惩罚措施。通过制度规范员工的沟通行为，确保组织沟通有序。

二、扁平化管理

扁平化管理是一种企业管理模式，其核心在于缩减管理层级、精简职能部门，以此来缩短企业决策层与执行层之间的距离。通过这种方式，能够提升整个企业的经营管理效率。

在全球经济一体化和市场环境日新月异的背景下，现代企业正面临着愈发激烈的竞争态势。传统的层级分明的财务管理架构已难以跟上市场快速变化的步伐和满足企业灵活运营的需求。因此，越来越多的企业开始转向扁平化管理，尤其是财务领域的扁平化管理。这种管理模式通过精简财务管理的层级结构，加快业务处理的流程，强化部门间的沟通与协作，进而提升管理的效率和灵活性。这已经成为现代企业财务管理工作发展的主流趋势。

扁平化管理模式的优势主要体现在以下几个方面：第一，精简管理层级。特别是削减中间管理层，使得内部信息的流通更加迅速，从而有效降低信息在传递过程中的失真风险。第二，赋权基层。给予基层更多的管理权限，能够充分激发员工的工作热情和创新潜能，有助于培养优秀人才。第三，提升市场适应性。由于信息的及时性得到显著提升，企业内部协调能力得到加强，从而能够更快地响应市场变化，提高市场竞争力。第四，降低管理成本。通过优化管理流程，提高整体运营效率，进而实现成本控制，提高企业的盈利水平。

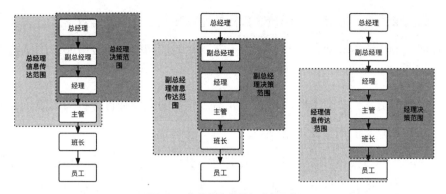

图 8-1　企业信息传达与决策层级

图8-1中提出的决策范围指的是自己的间接领导给自己决策建议，即自己有资格跟间接领导汇报工作。总经理信息传达范围指的是总经理召开的例行管理会议需要主管级以上的所有管理干部都参与，同理，经理在传递部门工作要求的时候需要直接传达到一线员工。也就是说，经理需要定期给全体员工召开会议，统一思想、明确方向，避免中层主管、基层管理人员误导信息或者遗漏要求。

那么，应该如何避免越级指挥和越级汇报的情况呢？笔者认为最合适的做法是保持沟通，避免信息差，降低信息熵，保持顺畅、同频、高效的沟通。也就是说，总经理要经常到一线去了解最真实的管理状态，并跟中层管理者交流，对其进行激励和辅导，副总经理、经理和主管等也需要到一线去。这样的组织才能成为扁平化管理的组织。

因此，笔者这里提出的扁平化并不只是架构上的扁平化。制造企业因为场地和设备等的限制，管理层级比较难减少，但是即使在管理层级不能减少的情况下也可以做到扁平化管理，做到信息传达和决策范围都外延一到两个层级，从而降低企业的信息熵，让企业运转更加高效。

三、分级管理

高层领导：关注长期综合绩效目标的完成和对公司长期利益的贡献，重视团队建设和干部后备队建设，不断提升领导力，确保公司的可持续发展。

中高层主管：兼顾中长期绩效目标的完成和业务规划的有效落实，关注团队管理、干部培养和业务运作，提高干部培养的成功率，使之带领的团队持续地产生更大的绩效。

中基层员工：关注本职岗位上短期绩效目标的完成和过程行为的规范，强调实际任务的完成和绩效不断提升。

以上是华为公司对各个层级的员工的要求，非常值得借鉴。高层领导就是应该关注企业的长期发展，在业务体系构建及团队建设等各方面进行思考，不断学习，提升自己的能力和认知水平，带领公司走上持续发展的道路。中高层主管应该关注目标完成、业务流程规范化、管理体系构建及团队的培养，聚焦不断优化管理过程、不断提升效率和效果，使得结果目标不断提升。中基层员工需要按标准执行岗位的要求和制度，形成良好的工作习惯及工作思维。

企业的高阶管理者应该明白对每一级的人员的要求，以及自己的精力应该放在什么领域、各级下属的重点应放在哪里。只有高阶管理者明确自己的定位和下属的定位才能让企业的各级人员有序地发展、提升。这就要求高阶管理者懂得整个企业的完整运营系统，关注到企业的长期发展和长期综合绩效的提升，构建一套人力资源管理体系，从而不断培养干部和训练员工，促进企业的持续发展。

一般中小企业往往会遇到比较现实的问题，那就是跟自己一路打拼过来的元老其实并不能完全胜任其岗位。因为很多中小企业的初始员工很可能学历不高，导致企业发展遭遇瓶颈。很多企业主不敢高薪外聘高级管理者一般有以下几个原因：

- 对自己没信心；
- 觉得花这么大的代价请职业经理人不划算；
- 比较看重忠诚度；
- 享受自己高高在上的感觉；
- 怕自己被架空，失去对公司的控制。

企业主的这些想法其实都是合情合理的，毕竟企业是他们一手创办起来的。但如果想使企业可持续经营，那就需要从长计议。笔者针对现有高层管理者能力不能满足企业发展的需求给出几个建议：

● 外聘一位职业能力能覆盖现有高层管理者7成以上管理范围的员工，同时，给这位管理者安排对应的培训学习，做全方位提升。一般这类有经验、打拼过来的管理者缺少系统的理论知识，给他学习的机会基本能打通其理论和实践的通道，使其达到系统、全面的提升。

● 将高层管理者调整到其他非关键岗位，同时，外聘一位职业经理人，把企业的管理变革工作做好。不管什么建议，其目的都是一致的，即以最小的代价完成企业高层人员的升级。毕竟，实现企业的管理变革、实现企业可持续发展，人才是关键。

● 在企业发展的各个阶段做到人力资源超配，而不是等到企业核心人才难以满足需求了才想到外聘高阶管理人员。在企业发展初期，企业家所带领的团队存在人力资源超配的情况，这个阶段企业发展是飞速的。企业增长乏力的时候往往是企业人力资源匮乏的时候。因此，只有找到合适的职业经理人或者合伙人，才能做到人力资源超配。

由于本书聚焦的是中小企业这个特定的范畴，因此笔者就从职业经理人的角度简单讨论一下中小企业的非管理问题。很多职业经理人通过猎头或者朋友推荐空降到一个公司去担任总经理而后"败走"。这种情况在很大程度上是非管理的原因，例如，公司是家族性质的，关键岗位人员都是高层管理者的亲戚；几个合伙人都是创始人，各自分管一个模块，导致职业经理人无从下手；职业经理人去了之后，做了一段时间，等情况好转后，就让"企二代"接手。职业经理人首先得搞清楚管理者是什么背景，企业是什么模式，企业处于什么阶段，团队是什么水平等，关键的还是看管理者的喜好和追求。职业经理人，一方面，不要太理想主义，幻想企业家真的对你百分百信任，把企业交给你去管理；另一方面，不要太现实主义，觉得应该给你明确边界，做到什么业绩拿什么薪水。作为高阶的职业经理人，除了具备基本的职业素养和技能，具有处理好各种关系的能力也很重要。

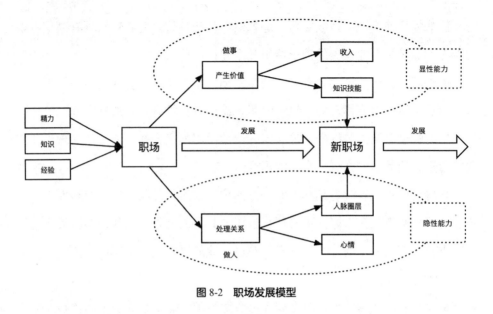

图 8-2　职场发展模型

职场发展模型，如图 8-2 所示，职场能力可以分为显性能力和隐性能力。显性能力在求职者的简历里面是可以体现出来的，而求职者的隐性能力很难体现。越是高阶的管理者，越是应该注重培养自己的隐性能力。隐性能力包括处理各种关系的能力，如自己在行业中的口碑、在供应链方面的人脉、所拥有的客户资源、对同行的技术及管理资源的了解等，此外还包括处理与上级关系的能力、处理与下属关系的能力。之所以称为隐性能力，是因为其不是某一个或几个要素的叠加，而是一系列要素，如修养、谈吐、情商、格局、视野等的整合。职业经理人要定期反思，千万不要在忙碌的工作中忽略了隐性能力的培养。

此外，职业经理人要有一个好的心态，在决定去某家企业工作后，就应该把精力放在体现自己的价值、为企业家创造价值、为企业创造价值方面。此外，职业经理人还要给自己的上司绝对的安全感，不要因为信任而忽视了边界，要妥善处理好各种关系，尽人事听天命，从而与企业实现双赢。

一、薪酬管理

薪酬管理是指在组织发展战略的指引下，对员工薪酬进行管理。薪酬管理在一个企业里往往是比较敏感的话题，涉及每个员工的切身利益。中小企业在发展的初级阶段可能没有合理的薪酬体系，什么人拿多少薪资、什么时候加薪、什么时候发奖金完全取决于老板。整个企业的薪酬激励体系不仅要符合企业战略和企业文化，还要符合整体的预算规划，更要起到激励员工的作用。这要求企业的管理者理解两个理论，即双因素激励理论、马斯洛需求层次理论。

双因素激励理论，又叫激励因素—保健因素理论，是美国的行为科学家弗雷德里克·赫茨伯格（Fredrick Herzberg）提出来的。他指出，影响员工满意度的主要因素有两类：第一类因素是激励因素，包括认可、成就和责任，这些因素关系到员工对工作的积极感情，又和工作本身的内容有关；第二类因素是保健因素，包括公司政策和管理、技术监督、薪水、工作条件及人际关系等。激励因素强调给予员工内驱力，通过认可、成就、升迁、责任和挑战让员工获得满足感。

马斯洛需求层次理论把人的需求分为生理需求、安全需求、爱和归属感需求、尊重需求和自我实现需求五类，如图8-3所示。

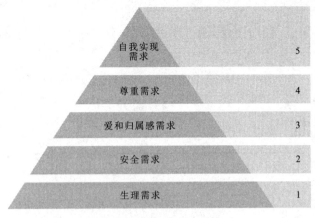

图 8-3　马斯洛需求层次理论

这两个理论给予企业管理者以下启示：

● 对企业管理者来说，要知道哪些是保健因素、哪些是激励因素。不是说高工资就一定能给员工带来幸福感，因为固定的工资和福利最终会变成保健因素。

● 给予员工明确的责任其实是一种激励因素，这包括给予员工决策权，在企业中，员工的决策权相当于其在公司的产权。

● 认可、挑战、晋升都是激励因素。晋升自然是有限的，但是认可和挑战可以由管理者去创造。因此，管理者可以在企业中多创造一些竞争比拼的平台，甚至可以进行持续性强的积分管理。

● 不同的员工有不同的需求，不同的岗位需要有不同需求的员工。因此，在人岗匹配时就应该提前做好规划。有些岗位要求比较低，那么对应的员工的需求应该聚焦在满足其生理和安全需求上。

● 企业管理者的管理能力决定员工安全需求的满足程度。这里的安全不仅仅指生命安全，还包括给员工一种安全感，让员工清楚做什么样的事情会被处罚，做什么样的事情会被奖励，等等。

关于薪酬管理，要注意以下几点：

第一，薪酬管理的核心是价值分配，是企业文化和战略在员工利益方面的直接呈现，涉及个体与个体、部门与部门、内部与外部的各种考量和平衡。例如，华为提出"以客户为中心、以奋斗者为本"则显示出其价值分配会向与客户有关的岗位倾斜、会向那些持续奋斗的员工倾斜。

第二，在企业发展的不同阶段采用不同的薪酬设计模式，才能更好地激励员工。

第三，如果仅仅将薪酬定义为成本，那么决策导向就成了降低成本。而如果将薪酬定义为投资，则决策导向需要考虑员工的成长性、员工的价值增量。

第四，薪酬管理除了要具有短期激励作用，还要有长期激励的效果，例如，让员工明白自己的晋升通道、明白每一级的薪酬水平，这种持续的激励效果是需要提前设计好的。

第五，薪酬保密还是不保密取决于企业的发展阶段和组织状况。如果薪酬公开能起到激励的作用，就可以不保密；如果薪酬公开会起到反作用，自然先保密。

一般来说，薪酬可细分为三个方面：

● 基本薪资：这部分指固定工资；

● 短期激励报酬：这部分即浮动的可变报酬，根据业绩完成情况给予的激励反馈，可以是月度绩效奖金也可以是季度绩效奖金；

● 长期激励报酬：这部分即周期在一年以上的与业绩相关的激励性报酬，一般对于高层主要是股权激励等，对于普通员工则是年终奖金、递延性年金等。

中基层员工的薪酬模式需要企业管理者根据企业发展战略及发展阶段设计。如果企业规模在3 000人以下，业务模块相对比较单一，则薪酬设计应尽可能简单明了；如果属于集团式的、多事业部的企业，那么就需要对薪酬系统做专业的设计了。中基层员工薪酬设计主要围绕薪资架构进行，简单地说就是围绕固定工资和浮动工资的比例进行设计。这个比例不能一概而论，需要根据企业发展的阶段及企业中各岗位的属性做区分。企业不同发展阶段各岗位的薪资架构，如表8-2所示。

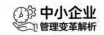
表8-2　企业不同发展阶段各岗位的薪资架构

岗位类型	初创期	成熟期	衰退期
技术研发类	以固定工资为主	固定工资80%、浮动工资20%	固定工资60%、浮动工资40%
销售类	固定工资50%、浮动工资50%	固定工资20%、浮动工资80%	固定工资10%、浮动工资90%
保障类	固定工资80%、浮动工资20%	固定工资50%、浮动工资50%	固定工资40%、浮动工资60%
作业类	固定工资80%、浮动工资20%	固定工资60%、浮动工资40%	固定工资40%、浮动工资60%

一般中小企业的薪资架构可以参考下面这种简单的设计：将职级分为4个大等级，每个大等级里面分为10个职级，每一个职级有相应的职级工资和不同的绩效工资基数。这种薪资架构适合发展时期的企业。而对于从成熟期走向衰退期的企业就可以把职级工资全部转成绩效工资，以防止将职级工资变成了保健因素，对员工起不到激励的作用。具体的职级划分示例，如表8-3所示。

表8-3　职级划分

级别	等级	级别工资标准	职位	绩效工资
A级	A_1、A_2……A_{10}	每级5 000元	总经理、副总经理、总工程师	10 000元
B级	B_1、B_2……B_{10}	每级2 000元	部门经理、总经理助理、高级工程师	4 000元
C级	C_1、C_2……C_{10}	每级1 000元	部门主管、工程师	2 000元
D级	D_1、D_2……D_{10}	每级500元	组长、技术员、会计、出纳、业务员、采购员、人事专员、行政专员等	500元

对于不同岗位怎样定初始职级更为合理呢？比如叉车司机和人事专员都是D级，那么对于这两个岗位应该怎么来定初始职级呢？也就是在同一个企业的薪酬架构下这两个岗位哪个岗位的薪资相对更高呢？如果采用专业的岗位分析法是可以的，但是如果企业没有达到那个规模，也不备有相对应的人力资源时，可采用一个简单、有效、公正的方法——岗位难度系数评估法。这种方法可以用在很多需要均衡的问题上，比如绩效目标的设定、权重系数的设定等。

岗位难度系数评估法的实施步骤：先把岗位分解成三到四个维度，再给这几个维度设计评分规则，然后找相关的岗位人员和不相关的岗位人员各10～20人对这几个维度进行评分，并给予不同职位的人员不同的分值权重。每位评分人员要一次性将所有需要测评的岗位全面评完，再去掉最高分和最低分就可以得到一个相对公正的岗位难度的排名。

有一种工资形式在很多制造企业中被采用，那就是计件工资。计件工资就是把对于多、快、好、省的多维度考核聚焦在"多"上面。很多企业在执行计件工资的过程中会遇到两个问题：一个是员工的日常行为、作业规范等难以被要求；另一个是质量难以得到保障。因为利用这种方式计算工资意味着数量就是钱，所以一切能提高效率的方法都可能被采用，哪怕是违规作业。

二、职级管理

职级管理其实是任职资格管理中的一部分。任职资格管理是人力资源管理的一项基础工作，是实现组织内人岗匹配的前提。任职资格管理通过开辟双重职业发展通道，为员工发展提供更大的选择空间，为制定人才战略与规划提供依据。实施任职资格管理可以促进企业管理由功能型向过程型转变。因此，有条件的企业发展到一定的阶段后需要花一到两年时间去建立一套员工素质胜任模型及数据库。

员工素质胜任模型一般分为三个部分，即知识、素质、能力，如图8-4所示。

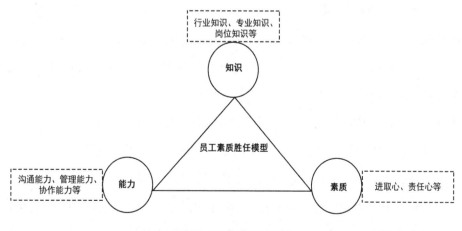

图 8-4　员工素质胜任模型

如果企业已经建成了各个岗位的员工胜任素质模型，那么基于这个模型的任职资格职级表就出来了。

一个企业中不能只有职位晋升的通道，还应该有职级晋升的通道，这样可以激励非管理岗位的员工不断提升技能，不断突破创新。

在笔者曾经任职过的一家企业，有一个部门的经理在能力、学历、素质各个方面都比其他部门的经理优秀很多，但是又不满足副总经理的任职条件。当时，该企业经理级别的工资是一样的，只有绩效有所差别。他所在的部门又属于核心部门，管理难度和绩效实现难度相比其他部门都要高，所以他总是愤愤不平。在公司推动任职资格管理之后，他仍然是经理级，但比其他的部门经理在职级工资上高2 000元。其他的部门经理也心服口服，承认差距并虚心请教。这位经理得到认可后也愿意将自己的一些管理经验与其他同事分享。

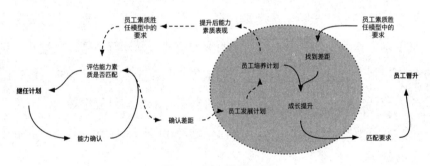

图 8-5　员工成长示意图

从图8-5中我们可以看出，不管是从公司培养人员（继任计划）的角度，还是从员工自身发展的角度都可以对标员工素质能力胜任模型。

当然，这些工作不是一下子就能做好的，因此，一个连基本的岗位职责、绩效考核都不健全的企业就不要轻易做这个模块的工作。但是，一旦企业从快速发展期过渡到成熟期乃至衰退期，就需要着手建立职级管理。因为在这个期间企业处在发展阶段，很多人力资源方面的问题会被企业的发展所掩盖。

另外，建立员工素质胜任模型的工作仅靠人力资源部门是不可能完成的，而是需要先由人力资源部门收集相关的信息和资料，高层领导参与具体能力素质的定性及职级、职等划分。表8-4为某企业经理的胜任模型。

表8-4 某企业经理的胜任模型

职级	级别工资	胜任素质									职业素养		
		职称	工作经验	知识			能力/技能				责任心	强烈目标感	诚信正直
				学历要求	管理知识	专业知识	采购供应链管理	客户服务管理	统筹规划	团队建设及管理			
B15	15 000元	资深经理	具有9年供应链领域相关工作经验	大专以上	运营管理、采购供应链管理、质量管理、6S现场管理、绩效管理、丰田精益生产管理、团队管理、企业信息化管理、财务管理等方面的知识	家电行业知识、电子加工行业知识、电子元器件行业知识、模具知识、注塑行业知识、先进制造行业知识	1. 懂得对供应链进行战略性规划，即能够保证供应链的安全性和供应链的质量； 2. 能系统性地对供应链进行分级分类管理，并能制定出合理的供应商绩效管理机制，确保供应商的配合及竞争力能持续； 3. 能对主要物料的产业链进行梳理，并能对主要物料的成本构成成本的动态分析； 4. 对成本质量管理体系有深入的理解，具备体系思维，针对异常问题能本质上进行系统反思； 5. 对先进的信息管理技术及制造技术有深入了解，具备筹建改善信息化的成功经验； 6. 具备良好的商务谈判能力； 7. 对运营管理的本质、运营管理框架有清晰的理解，懂得各个模块与企业经营结果的关系，如质量成本、报废成本、质量成本等	1. 熟悉各项流程，如新品流程、交付流程、客诉处理流程、供应商资源管理流程等； 2. 对客户各个模块的人员架构有清晰的认识并能提高识并能高效处理各类业务事件； 3. 能对各类异常进行处理并建立基本的处理流程	1. 具备系统性的统筹规划能力，能将各框架化、结构化； 2. 具备目标管理的能力，能识别管理目标，分解成有效策略并跟踪执行到位； 3. 具备定期反思检讨、优化工作方法，提高团队效能的能力； 4. 能梳理工作所需的各项资源并有清晰的路径去获得资源； 5. 具备体系管理能力，能构建部门的流程制度，并能检视落地效果，使其不断优化	1. 有完善的作业规范文件； 2. 能利用OKR和KPI等工具建立部门目标绩效管理体系； 3. 能通过制订制度来管理团队，奖优罚劣； 4. 具备培养团队的能力，确保梯队软性人才队伍，确保团队能应对公司的发展； 5. 具备良好的沟通演说能力，能使团队落地满语力、人才有序进出			
B14	14 000元										3级	3级	3级
B13	13 000元												

职级	级别工资	职称	胜任素质										职业素养		
			工作经验	学历要求	知识		能力／技能						责任心	强烈目标感	诚信正直
					管理知识	专业知识	采购供应链管理	客户服务管理	统筹规划	团队建设及管理					
B12	12 000元														
B11	11 000元	中级经理	具有7年供应链领域相关工作经验	大专以上	运营管理、采购供应链管理、质量管理、6S现场管理、绩效管理、丰田精益生产管理、团队管理、企业信息化管理、财务管理等方面的知识	家电行业知识、电子加工行业知识、电子元器件行业知识、模具行业知识、注塑行业知识、先进制造行业知识	1. 能系统性地对供应链进行分级分类管理，并能制定出合理的供应商绩效管理机制，确保供应商的配合及竞争力分析；2. 能对主要物料的产业链进行梳理，并能对主要物料的成本构成进行动态分析；3. 对质量管理体系有深入的理解，具备质量管理体系思维、改善思维，针对异常问题能洞见本质并进行系统性反思；4. 具备良好的商务谈判能力	1. 熟悉各项流程，如新品流程、交付流程、客诉处理流程、供应商资质管理流程等；2. 对各个模块的人员架构有清晰地认识并能高效地处理各类业务事件；3. 能对各类异常进行处理并建立基本的处理流程	1. 具备系统性的统筹规划能力，能将工作框架化、结构化；2. 具备目标管理的能力，能识别目标，分解目标，形成有效策略并跟踪执行到位；3. 具备定期反思检讨、优化工作方法、提高团队效能的能力；4. 能梳理工作所需的项目资源并有清晰路径去获取资源	1. 有完善的作业规范文件；2. 能利用OKR和KPI等工具建立部门目标绩效管理体系；3. 能通过部门制度来管理团队、奖优罚劣；4. 具备培养团队能力，能建立梯次性人才队伍，确保团队次能应对公司的发展；5. 具备良好的沟通演说能力，能使团队无流满活力、人才有序进出		3级	2级	2级
B10	10 000元														

续表

职级	级别工资	职称	工作经验	学历要求	管理知识	专业知识	采购供应链管理	客户服务管理	统筹规划	团队建设及管理	责任心	强烈目标感	诚信正直
B9	9 000元		具有5年供应链领域相关工作经验	大专以上	运营管理、采购管理、供应链管理、质量管理、6S现场管理、绩效管理、丰田精益生产管理、团队管理、企业信息化管理、财务管理等方面的知识	家电行业知识、电子加工行业知识、电子元件行业知识、模具知识、注塑行业知识、先进制造行业知识	1. 能系统性地对供应链进行分级分类管理，并能制定出合理的供应商绩效管理机制，确保供应商的配合及竞争力的持续；2. 能对主要物料的产业链进行梳理，并能对主要物料的成本构成进行动态分析；3. 能对各个模块的人员架构有清晰地认识并能高效处理各类业务事件；4. 对质量管理体系有一定的理解，具备体系思维，改善思维；5. 具备一定的商务谈判能力	1. 熟悉各项流程，如新品流程、交付流程、客诉处理流程、供应商资质管理流程等；2. 对各个模块的人员架构有清晰地认识并能高效处理各类业务事件；3. 能对各类异常行为进行处理并建立基本的处理流程	1. 具备一定的统筹规划能力，能将工作结构化、架构化；2. 具备一定的目标管理的能力，能将目标分解并形成有效策略来跟踪执行到位；3. 具备定期反思检讨、优化工作方法，提高团队效能的能力；4. 能梳理工作所需的各项资源并通过清晰资源路径去获得资源	1. 有完善的作业规范文件；2. 能通过部门制度来管理团队，奖优罚劣；3. 具备良好的沟通演说能力，能使团队无序出力，人才有序进出	3级	2级	2级
B8	8 000元	经理											
B7	7 000元												

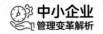
三、建立员工培养体系

企业的发展离不开人才的发展，因此，建立一套符合企业发展的员工培养体系就显得尤为重要。笔者在此简单介绍一般企业在建立员工培养体系时容易犯的几个错误。

● 没有制订人才培养计划，为了培训而培训。有的企业为了将这个项目纳入考核会去设定培训完成率之类的指标，如人均培训时长等。这样的做法往往会事倍功半，最后使员工培训流于形式。笔者建议一定要根据企业的发展阶段由人力资源部门牵头建立分级的人才培养体系。例如，在制订经理级的培养计划时，要先做好人才盘点，评估每一位经理的能力素质水平，再制订外出培训计划、内部轮岗计划等；再如，在制订员工培养计划时，要根据每个车间的情况，确定培训的内容。同时，对于人才培养的验收，不能按培训课时之类的间接指标进行评估，而应该评估培养的效果。

● 仅仅交给人力资源部门去做人才培养工作。实际上，在建立员工培养体系时，应由人力资源部门做人才盘点，指出每个部门人才的现状、需要提升的方面，要求用人部门制订人才培养计划，并验收制订的人才培养计划是否达到预期效果。关键的一点是部门负责人要做好人才培养工作，对团队和下属负责。记得以前有位领导说过一句话："你的下属没有能力不是你的问题，但是你不能让他的能力提升就是你的问题。"每一位管理者都要对自己的下属至少半年进行一次能力素质考核，并制订对其的培养计划，该计划需要下属认可，与此同时，一级级向下分解，最终汇总到人力资源部门，由人力资源部门协助实施并评估培养效果。

总之，企业里面一定要有人时刻去关注人才队伍建设、管理。这个工作由人力资源部门主导，高级管理者参与。

四、淘汰机制及评优评先体系

在一个企业中，人才的有序流动是对抗熵增的一个有效措施，可以避免内部板结化。杰克·韦尔奇（Jack Welch）先生就一直提倡区别性考评，在他所著的《赢》这本书中提到了"2-7-1法则"，即一个企业中应该有20%的优秀员工，他们应该获得公司的各种嘉奖，有70%的员工属于骨干员工，他们中规中矩，还有10%的员工属于问题员工，需要被淘汰。华为曾经要求一些缺少奋进精神的员工重新竞聘上岗，未能竞聘上岗的将被淘汰，从而激发员工奋进，使企业保持有力的发展态势。

淘汰有好几种方式，主要包括：

①强行淘汰。制定一些明令禁止的准则，员工若违反则淘汰。例如，笔者曾经工作过的一家公司，其董事长就提出凡是在公司打架斗殴的一律开除。当时，有位车间的主管被员工激怒了，虽然是他后动的手，但还是被开除了。员工一旦违反企业的制度，就必须被淘汰。

②考核淘汰。这一方式目前被大部分企业所采用。通过绩效管理的方式，对绩效目标长期无法实现的员工进行淘汰。对于考核淘汰，常常有个误区，即它只是针对基层员工的。其实不然，中层干部的淘汰应该优先于基层员工的淘汰。只有让中层干部感受到压力，才能更好地执行相关的制度。

③策略性淘汰。当企业发展到一定阶段后，员工较多，非生产人员的比例也高，同时，管理干部的水平参差不齐。若企业管理者希望通过精兵简政的方式来优化组织，则可以采用对应的岗位再竞聘的方式。这种方式可以在一定时期内做比较大的调整。当然，对此，人力资源部门要提前熟悉劳动法规，采取合理的对策。

④团队淘汰。通过集体竞争的方式，让团队内部形成考评机制，让不能为团队作出贡献的员工离开团队。采用这种淘汰方式的前提是公正的企业文化已经形成，对应的绩效考核也比较清晰，否则容易出现把优秀的员工淘汰，而留下可以对抗企业或者部门的小集体的现象。通过这种方式淘汰下来的员工可以由企业人力资源部门集中培训学习后再竞聘到其他部门上岗。

中小企业的实际情况就是人才队伍底子薄，很多管理者是从基层做起来的，缺乏专业管理知识。因此，企业一方面要制定相应的淘汰机制，另一方面要给予员工和干部有针对性的培养，让人才有序流动。当然，光有淘汰机制是不够的，还应该有评优评先的机制，让优秀的员工成为标杆，拉大企业内部员工间的差异，形成势能。

评优评先有两层作用：从务实层面来说，评优评先就是树立标杆；从务虚层面来说，评优评先就是营造一种积极向上、不断突破进取的管理氛围。

先说务实层面，企业可以每年举办技能比赛，把创造纪录的奖励设置得大一些，让每一位员工都能够在自己的岗位上通过日常的积累创造新的纪录。这个纪录需要通报全公司，让管理人员清晰地知道日常管理过程中的空间余量，从而在未来设置绩效目标的时候有一定的参考。与此同时，还要让那些创造纪录的员工成为指导员或者标准制定的参与者，甚至可以以他们的名字为他们独特的作业方法、工艺命名。

在务虚层面，其实更多的是给予员工成为平凡英雄的机会，即通过精神激励让他们在自己的岗位上展示自己的才华。点点滴滴的积累成了企业文化的一部分，使企业具有优秀企业文化。这与中华民族的历史文化有关。中国人自古崇拜杰出人物，现在国家每年都会评选出一些对国家发展有显著贡献的个人或者团队，一方面是对他们付出的认可，另一方面则是给予全体国民一种导向，激励更多的人去探索和奉献。

笔者曾经在一家民营企业任职。这家企业被多次点名表扬其在企业管理创新及员工关系上的突出表现，该企业有近5 000名员工，管理人员有近500人。企业每年都有"十佳杰出青年""岗位标兵""杰出管理者""优秀班组长""季度优秀员工""年度优秀员工"等评优评先活动。

很多企业也会开展评优评先工作，但是往往不能非常客观、公正地评选出优秀员工。这主要是因为一方面高层领导不重视，另一方面评选机制不够科学，从而导致很多员工指责公司暗箱操作、任人唯亲，久而久之就很反感类似的评比活动。笔者建议公司重大的评选活动由人力资源部门主导，从评选的目的、评选的标准、名额的分配、候选人的背景调查到公示和举报都应有明确的流程和制度支撑，以杜绝徇私舞弊。

五、团队积分管理

团队是指一种为了实现某一目标而由相互协作的个体所组成的正式群体。积分管理作为一种可量化的人才激励手段与方法，将员工的能力提升与工作贡献数字化，通过积分将能力转变为价值认可与提高收入的依据，从而促进员工自我管理意识的增强及自我管理能力的提升。现在的企业管理或者组织管理的目标是把组织做小、做扁平，其核心思想是通过经营核算使每个小团队对企业的经营结果负责。一般的民营企业盲目照抄这种管理模式是行不通的，因为这种管理模式不仅需要深厚的文化底蕴作为支撑，还需要大量的基础管理数据作为支撑。如果盲目套用，则可能会出现团队之间相互拆台、核算没有统一标准、数据没有信服力、考核结果难以令人信服等情况。

笔者建议利用分级团队积分管理的方式进行团队管理，即将一个公司的核心产出部门分为若干个大团队，这些大团队以部门为单位，再将这些大团队分为更小的以班组为单位的小团队。

这些小团队属于一级团队代表部门，再组建车间等二级团队，再往下就是班组，属于三级团队。例如，在公司级评比活动中，6S样板车间是生产一部下属的二车间，那么生产一部是可以获得积分的，生产一部获得的积分排名会给整个部门的员工加分，如图8-6所示。

在个人评选的时候，团队的荣誉是可以给个人加分的，个人获得的荣誉团队也是可以加分的。这样，团队中的优秀成员可以促进团队全体成员获得荣誉，获得荣誉的团队中的所有成员都可以获得收益，从而促进团队内部之间的矛盾被外部评比的荣誉所淡化，员工放弃个人利益而更加努力地付出让团队获得荣誉。

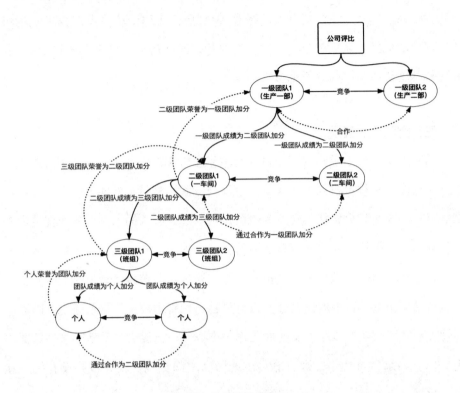

图 8-6　团队积分管理

一级团队积分项目，如表8-5所示。

表8-5　一级团队积分项目

类别	项目	分值	统计人	审核部门
绩效	团队部门绩效90分以上	5	人事专员	行政人事部
	团队部门绩效80分以上	3	人事专员	行政人事部
	团队部门绩效70分到80分	–2	人事专员	行政人事部
	团队部门绩效70分以下	–5	人事专员	行政人事部
培训学习	团队成员每月培训系数大于2（培训学习人数/团队总人数）	5	培训专员	行政人事部
	团队成员每月培训系数大于1小于2（培训学习人数/团队总人数）	3	培训专员	行政人事部
	团队成员每月培训系数大于0.5小于1（培训学习人数/团队总人数）	–3	培训专员	行政人事部

类别	项目	分值	统计人	审核部门
培训学习	团队成员每月培训系数小于0.5（培训学习人数/团队总人数）	−5	培训专员	行政人事部
建议/创新	团队成员每月人均提案通过数大于1	10	人事专员	行政人事部
建议/创新	团队成员每月人均提案通过数大于0.5小于1	5	人事专员	行政人事部
建议/创新	团队成员每月人均提案通过数小于0.5	−3	人事专员	行政人事部
活动组织	代表公司参加外部活动获得名次	5	行政专员	行政人事部
活动组织	公司活动获得第一名	5	行政专员	行政人事部
活动组织	公司活动获得名次（安慰奖除外）	1	行政专员	行政人事部
奖惩	团队成员被公司表彰（不与活动叠加）	5	部门	行政人事部
奖惩	团队成员通报奖励（含公司评比的所有项目）1次	2	人事专员	行政人事部
奖惩	团队成员记功1次	1	人事专员	行政人事部
奖惩	团队成员被公司通报批评	−5	人事专员	行政人事部
奖惩	团队成员记过1次	−1	人事专员	行政人事部

二三级团队积分项目，如表8-6所示。

表8-6 二三级团队积分项目

类别	项目	分值	统计人	审核部门
绩效	团队在部门绩效排名第一	5	车间统计员	行政人事部
绩效	团队绩效90分以上	5	车间统计员	行政人事部
绩效	团队绩效80分以上	3	车间统计员	行政人事部
绩效	团队绩效70分到80分	−2	车间统计员	行政人事部
绩效	团队绩效70分以下	−5	车间统计员	行政人事部
培训学习	团队成员每月培训系数大于2（培训学习人数/团队总人数）	5	培训专员	行政人事部
培训学习	团队成员每月培训系数大于1小于2（培训学习人数/团队总人数）	3	培训专员	行政人事部
培训学习	团队成员每月培训系数大于0.5小于1（培训学习人数/团队总人数）	−3	培训专员	行政人事部

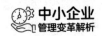

类别	项目	分值	统计人	审核部门
培训学习	团队成员每月培训系数小于0.5（培训学习人数/团队总人数）	−5	培训专员	行政人事部
建议/创新	团队成员每月人均提案通过数大于1	10	人事专员	行政人事部
	团队成员每月人均提案通过数大于0.5小于1	5	人事专员	行政人事部
	团队成员每月人均提案通过数小于0.5	−3	人事专员	行政人事部
活动组织	代表部门参加公司级活动获得名次	5	行政专员	行政人事部
	参加公司活动获得第一名	5	行政专员	行政人事部
	参加公司活动获得名次（安慰奖除外）	1	行政专员	行政人事部
奖惩	团队成员被公司表彰（不与活动叠加）	5	部门	行政人事部
	团队成员通报奖励（含公司评比的所有项目）1次	2	人事专员	行政人事部
	团队成员记功1次	1	人事专员	行政人事部
	团队成员被公司通报批评	−5	人事专员	行政人事部
	团队成员记过1次	−1	人事专员	行政人事部

　　三级团队的评比属于班组评比，这样的团队积分管理不仅可以大大提高团队士气和凝聚力，也有助于形成团队精神，促进企业文化的建设和发展。

　　积分与绩效的区别在于积分更多是一种导向、一种提倡、一种氛围，是精神层面的，而绩效是与经营业绩相关联的，两者相辅相成，缺一不可。如果没有精神层面的指引、管理氛围的形成，那么绩效的产生会遇到各种阻力。所以，这两个体系需要由两个不同的部门来主导，即一个由人力资源部门主导，一个由运营管理部门主导。个人成长积分项目，如表8-7、8-8所示。

表8-7　个人成长积分项目（加分）

类别	项目	分值	统计人	审核部门
团队奖励	所在一级团队被表彰	5	人事专员	行政人事部
	所在二级团队被表彰	3	各部门	内控部
绩效	月绩效考核成绩部门排名第一	5	人事专员	行政人事部

类别	项目	分值	统计人	审核部门
绩效	月绩效考核成绩前10%人员	3	人事专员	行政人事部
	月绩效考核成绩前30%人员	2	人事专员	行政人事部
	月绩效考核成绩前40%人员	1	人事专员	行政人事部
培训学习	按时参加培训，无迟到、早退者	1	培训专员	行政人事部
	培训考核成绩80分（含80分）以上，1次	1	培训专员	行政人事部
	讲课1次，且满意度在80分（含80分）以上	2	培训专员	行政人事部
建议/创新	提报建议类改善，核实有效1次	1	人事专员	行政人事部
	提报创新类改善，核实有效1次	2-15	人事专员	行政人事部
活动组织	公司活动获得名次	2	行政专员	行政人事部
	参与公司活动的组织	1	行政专员	行政人事部
奖励	部门通报奖励1次	1	各部门	行政人事部
	公司通报奖励1次	2	人事专员	行政人事部
	记功1次	3	人事专员	行政人事部
	记大功1次	5	人事专员	行政人事部
	季度优秀员工1次	3	行政专员	行政人事部
	年度优秀员工1次	5	行政专员	行政人事部

表8-8 个人成长积分项目（减分）

类别	项目	分值	统计人	审核部门
日常行为	辱骂、吸烟等（详见行为规范表）	−1	各部门	行政人事部
	一个月内请假天数超过3天（不含有薪假）	−1	人事专员	行政人事部
	无故不参加会议，或迟到、早退1次	−1	各部门	行政人事部
	个人6S检查不合格1次	−1	行政专员	行政人事部
绩效	月绩效考核成绩逆排名占部门10%的人员	−2	人事专员	行政人事部

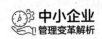

续表

类别	项目	分值	统计人	审核部门
培训学习	未请假或请假未批，无故不参加培训1次	−1	培训专员	行政人事部
	培训成绩低于60（不含60）分1次	−2	培训专员	行政人事部
惩罚	部门通报批评1次	−1	各部门	行政人事部
	公司通报批评1次	−2	行政专员	行政人事部
	记过1次	−3	行政专员	行政人事部
	记大过1次	−5	行政专员	行政人事部
	被记差错1次	−1	行政专员	行政人事部

个人积分可以作为一种比较重要的参考项，与评优、晋升、职级等相关联，从而使个人与团队的利益捆绑在一起，将团队合作的精神落实到实际操作层面，让团队中优秀的个人真正得到尊重，优秀的个人也愿意去帮助团队中其他成员提升，促进团队进步。

在团队积分管理执行过程中，要注意阶段性及颗粒度，在开始时只抓几个主要的提倡点，逐步再增加项目，不要想着一步到位，毕竟这个跟企业的整个管理体系成熟度是相关联的。

总之，在企业全面运营管理框架下，"事"和"人"这两条线是交织在一起螺旋上升的，也就是企业的制度、规范、流程、标准与人才的能力、素养在实现企业增值的过程中不断提升。管理体系不断完善、人才队伍不断优化、企业文化不断形成，才能实现"事"和"人"两方面的增值。人的积极性没有调动，人没有提升，就必然导致低水平的重复。

当然，企业增值一定是围绕着经营数据来评估的，离开经营数据谈企业增值就是空谈。"事"是围绕着经营展开的，所有的流程、制度、规范都是为实现企业经营目标而制定的。如果连运营数据、质量数据、成本数据都不准确，那么所谓的流程、制度、规范则都是空谈。

笔者之所以称图8-7为"企业增值舞钻图"，是因为将这个图倒过来看就像木工用来钻孔的半自动开孔器，上面是一个圆盘，木杆上有两根绳子缠绕在一起，当木工向下钻孔的时候，圆盘连接的木杆末端的钻头就会转动，如果钻头一直转动，再厚的木板也能打穿。

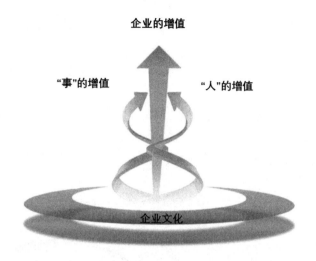

图8-7　企业增值舞钻图

在图8-7中，企业文化就是那个圆盘，两根绳子分别就是"事"和"人"，钻头就是企业的增值，用组织职能模型也可以解释这个图形，即"组织效能＝个人效能 × 组织活力 × 管理效能"。笔者认为，个人效能指的是人员综合素质和能力的体现，对应图8-7中的"人"；管理效能指的是企业经营管理活动中形成的制度、流程、规范等综合的管理方法；组织活力指的是企业文化激发组织产生活力。

另外，克莱顿·克里斯坦森在他的《创新者的窘境》一书中提出的组织心智的 RPV 框架——资源（resource）、流程（process）、决策价值（value），这三方面与图8-7有类似之处。克里斯坦森认为流程和决策价值会形成企业文化。笔者认为，任何一个企业从创立之初就有了文化，这文化极有可能就是创始人价值观的体现，只是暂时还没有形成体系。如果创始团队比较注重体系规范，那么企业的管理重点就会往制度、流程等方面倾斜；如果创始团队比较重视创新氛围，那么企业的管理重点就会往经营结果和员工情绪等方面倾斜。有了这些之后，再在企业发展过程中修正，建立流程、制度等，积累到一定程度就能系统性地呈现为企业文化。

第九章
信息化管理

第一节
管理变革——信息化管理

信息技术发展到今天，其应用给各行各业带来了显著的变化。从简单的办公软件的应用，到各种企业信息化管理系统的应运而生，再到大数据技术的不断成熟，人们的工作和生活发生了翻天覆地的变化，传统的企业管理理念和管理模式也不再适用于新的时代。因此，如何进行管理变革，避免被淘汰成为关乎企业生死存亡的重大课题。现阶段，只有不到30%的企业导入了信息化管理系统，大部分企业还未导入信息化管理系统。在"互联网＋"的时代背景下，企业信息化管理变革势在必行。

没有导入信息化管理系统或者信息化管理系统导入不成功的企业一般有以下几种情况：

● 管理层对新的管理模式和管理工具的应用不了解或者了解得比较片面，尤其是企业主对信息化管理的概念不清楚，只知道很多大企业导入了信息化管理系统，觉得自己的企业规模还小，不值得投入费用去改造企业的管理模式。

● 有些企业导入了信息化管理系统后效果不是很明显，这就导致部分企业的管理者谈信息化管理色变。

● 企业的最高领导意识到了信息化管理的重要性，但是在推行信息化管理时并没有很好地将内部的管理基础做扎实，导致干部应付了事，或者因为短期增加了人力投入而没有看到实际的收益便开始退缩，最终导致信息化管理系统导入失败。

● 企业的高层领导对信息化管理的认知到位，中基层员工的执行力也没有问题，但是在设计系统架构时，没有懂得信息化管理的团队根据企业自身的情况设计合理的信息化管理系统，从而导致信息化管理系统并不能很好地优化现有的管理，在效率和效果上都没有起到正向作用。

企业要适应现代市场激烈的竞争就需要管理者在管理模式上做一些变革，向管理要效益，将内部潜能转换为利润。当然，信息化管理变革并不是企业变革的全部，也不是企业变革的最终呈现。信息化管理系统只是企业管理变革的一个附属品，本质上是优化管理模式、提升管理效率的工具。因此，不能在企业管理混乱的时候盲目导入信息化管理系统。

第二节
企业信息化管理的意义

一、提高企业管理工作效率

计算机处理数据的速度远超人工，极大地提升了企业管理信息的时效性。企业内部网络的构建，使得各部门间的工作衔接更为紧密，不仅显著加快了业务办理的速度，还有效促进了资金周转，为企业经济效益的提升奠定了坚实基础。信息化能够助力企业精准定位目标客户，深入了解客户的需求，进而调整经营策略，优化客户服务流程，提高客户关系管理能力，确保企业能够迅速响应市场变化。同时，信息化加强了企业与合作伙伴（包括供应商、零售商及第三方服务商）之间的协作关系，为整体供应链的优化创造了有利条件。此外，信息化还能够帮助企业提高供应链效率与劳动生产率，实现精准成本核算，有效减少库存量与运作成本，剔除无增值活动，进而提高投资回报率。

二、提高企业组织能力

企业信息化管理系统能够显著提升企业管理者的决策能力，有效降低决策过程中的不确定性，实现信息、决策与行为三者的高度集成，从而极大地提高管理者的信息处理能力和部门间的协作效率。企业规模越大，信息化管理系统

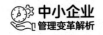

的作用越能得到充分发挥。

（一）提高企业管理水平

运用信息技术建立高效的管理流程，精准衡量经营成效，推动科学管理，进而全面提升企业管理水平。借助信息系统，员工间的沟通更加顺畅，这有效促进了工作效率的提升。

（二）促进组织结构优化

计算机网络革新了信息传递的方式，促使企业的组织结构逐渐从阶梯型转变为水平型，即从传统的"金字塔"结构演变为更为灵活的扁平"矩阵"结构。组织结构的扁平化旨在消除部门间的壁垒。

三、提高企业管理的规范化程度

在信息化过程中，数据的来源和格式会有一系列规范化要求，这些要求在很大程度上解决了手工操作中存在的不规范、易出错等问题。因此，信息化使得企业管理的基础工作更加规范，从而进一步保证了企业管理工作的质量。

四、减轻企业员工的工作强度

在手工操作条件下，企业员工需要承担大量的分类、登记和计算工作，尤其是会计人员，他们的记账、算账、报账任务极为繁重。然而，在实现信息化管理之后，只需将原始数据输入计算机，后续的计算、分类、存储等流程，均可由计算机自动完成。因此，企业员工的工作强度将会显著减轻。

工作强度的减轻、工作效率的提升及工作规范化程度的提高，将推动现代企业管理方法的广泛应用，使企业员工有更多的时间和精力去研究并应用这些先进的管理方法。

第三节
企业信息化管理系统

　　当前，我国高新技术产业蓬勃发展，大数据技术已成为日常生活不可或缺的一部分。为了在这种技术驱动的环境中持续发展，企业应充分利用大数据技术来拓宽业务领域。众多企业管理者已深刻认识到信息化管理对企业发展的重要性，并在信息化技术的不断演进中直观感受到在当前社会背景下企业需要进行的变革。当前，已有部分企业成功将信息化管理融入实际的经营管理中并取得了令人瞩目的成效。

　　企业信息化管理应紧密围绕其日常运营活动展开，运用信息化技术分析市场环境、优化业务流程、完善组织架构。这要求企业管理者深入洞察哪些工作环节能借助信息化技术实现工作效率的提高和工作方式的改善，同时倾听员工的意见，识别当前工作中存在的问题，从而加快推进企业信息化建设。企业信息化建设旨在帮助管理层更深入地了解企业运营，确保其在企业经营活动中全面把握内外部关键信息，进而提升企业的核心竞争力，实现经济效益的增长。企业信息化建设不仅是对先进信息技术的应用，更是对企业整体运营状况的全面调整，旨在促进企业健康发展。因此，在收集各部门的意见时，企业管理者既要结合具体执行情况又要综合考量，确保这些意见对企业发展具有正面推动作用。在满足这些条件后，企业管理者应将信息化管理工作融入日常经营管

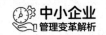
理，并通过实践不断对其进行优化和完善。

在当下的信息时代，信息化建设已成为企业生存与发展的关键，因此企业管理者必须加大对信息化建设的重视与支持力度，不断提升企业信息化建设水平。借助信息技术，企业管理者可以优化管理流程，在财务管理、生产管理、库存管理、成本管理等多个方面实现效率和效能的双重提升，进而提高企业的盈利能力和市场竞争力。然而，值得注意的是，企业信息化建设并非仅凭信息管理软件就能完成，它更依赖于企业的管理水平以及其所拥有的专业人才。

企业的管理层需要深入剖析企业当前的信息化状况及同类企业的信息化水平，为企业信息化建设制定长远的战略规划，确保业务管理与信息化建设同步发展。企业信息化建设离不开每位员工的积极参与，若缺乏人员的融入，企业信息化建设将失去其实际意义。因此，在企业信息化建设的进程中，必须重视并提升员工的技能。面对市场上纷繁复杂的信息化系统，制造企业需立足自身特色，在通用信息化系统的基础上，打造专属的信息化系统，确保信息化系统既稳定又高效，从而提升企业管理效能。随着信息技术的不断演进，企业信息化建设也将持续发展。新一代信息技术的广泛应用预示着，未来企业的信息化系统将更加完善，各类信息化软件与企业内部业务管理将进一步融合，信息化将成为企业运营不可或缺的关键要素，智慧化、网络化的管理体系将更加成熟。

常用的企业信息化管理系统，如下：

办公自动化（office automation, OA）系统是一种用于协调、管理和优化办公流程的软件系统，包括日程安排、文档管理、工作流程管理等功能模块，帮助企业提高工作效率和管理水平。

客户关系管理（customer relationship management, CRM）系统是一种用于管理客户关系的软件系统，包括客户信息管理、销售管理、客户服务管理等功能模块，帮助企业提高客户满意度和市场竞争力。

企业资源计划（enterprise resource planning, ERP）系统是一种用于管理企业各类资源的软件系统，包括生产管理、采购管理、库存管理、财务管理等功能模块，帮助企业实现资源的优化配置和管理。

制造执行系统（manufacturing execution system, MES）是一种用于管理制造过程的软件系统，包括生产计划管理、生产调度管理、工艺管理、质量管理等功能模块，帮助企业提高生产效率和质量水平。

人力资源管理（human resource management, HRM）系统是一种用于管理人力资源的软件系统，包括招聘管理、培训管理、绩效管理、薪酬管理等功能模块，帮助企业提高员工满意度和管理效率。

供应链管理（supply chain management, SCM）系统是一种用于管理供应链的软件系统，包括采购管理、供应商管理、物流管理、库存管理等功能模块，帮助企业实现供应链的协同和优化。

仓库管理系统（warehouse management system, WMS）是一种用于管理仓库的软件系统，包括入库管理、出库管理、库存管理、配送管理等功能模块，帮助企业提高仓库管理效率和准确性。

知识管理系统（knowledge management system, KMS）是一种用于管理知识资源的软件系统，包括知识库管理、知识分类和标签、搜索引擎、协作与分享等功能模块，帮助企业提高知识管理和利用效率。

第四节
MES 导入

对制造企业来说,最重要的两个系统是 ERP 和 MES,其定位如图 9-1 所示。

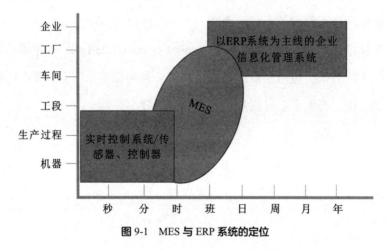

图 9-1　MES 与 ERP 系统的定位

从图 9-1 中可以看出,整个制造管理体系分为三个大的部分:第一个部分是计划层,这一层采用的是 ERP 系统,该系统负责将企业的资源信息进行整合、串联;第二个部分就是 MES 层,这一层是打通设备、员工作业、物料及产品状态等信息的桥梁,是将制造过程透明化、数据化的关键,是落实过程管理的重要工具;第三个部分是执行层,通过系统对接控制器数据或者传感器数据,如机械臂、阀门等执行器件进行员工实时作业数据的采集。通过横坐标和纵坐标可以看出，ERP系统的数据管理周期比较长，MES的数据管理周期比较短。

制造企业系统的总体业务流程，如图9-2所示。

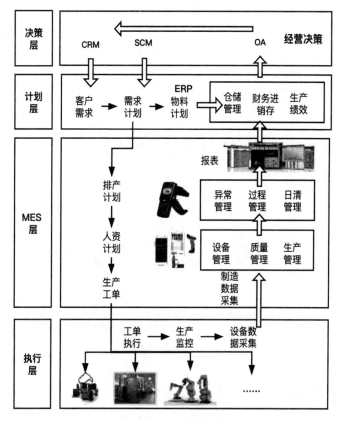

图 9-2　制造企业的总体业务流程

MES的计划调度功能与ERP系统车间层的功能有些类似，但MES的计划调度的功能比较强，制订的计划也比较详细。MES一般按车间层和单元层分级制订作业计划，并对车间的每一台设备或操作人员分派任务，通常会细化到计划期内每个单元、每台设备、每天（或每班）的生产任务。与此同时，MES系统反馈的数据不仅包括每台设备、每个工序和每个操作人员的数据，还包括加工过程中的状态数据，采用自动化数据采集技术实现实时采集。

将运营目标及绩效指标分解，并以此对相互交叉的节点进行管控，以验证自下而上的数据采集的合理性、颗粒度。

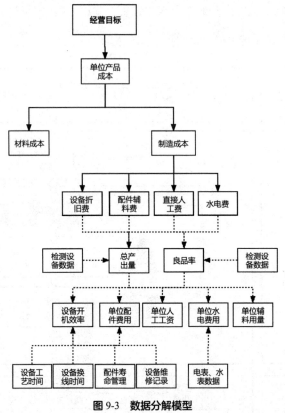

图 9-3　数据分解模型

从图9-3中可以看出，所有的数据采集点都是围绕决策层需求设计的。如果决策层需求比较粗放的话，那么执行层再精细其意义也不大；如果决策层需求比较精细的话，那么执行层太粗放就无法实现目标。因此，从经营目标分解向下建立数据采集模型会更加有的放矢。整个系统的颗粒度需要根据运营管理的要求来设计，例如，如果需要精确管理设备的效能，那么就需要从设备中调取数据，甚至需要通过 MES 工艺管理直接下指令给设备调整工艺参数。这对系统集成能力的要求很高，但可以尽可能减少人为干预，实现自动控制。此外，对设备的核心配件管理也可以通过设备数据接口反馈到 MES 上，以进行精确的统计分析。

总之，MES 的数据节点设计是需要以满足运营管理的现实需要为前提去设计相关的数据采集点，并评估相关的代价及投入产出。

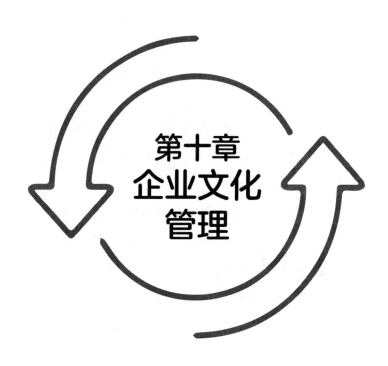

第十章
企业文化
管理

第一节
管理变革——企业文化管理

任何事物都是有两面性的，因此流程制度再完善也不可能解决企业的所有问题。这可以被称为企业管理制度的缝隙。克里斯坦森在《创新者的窘境》一书中有如下论述：

"管理的一大窘境和流程有关。就其本质而言，流程是预设好的，因此员工能够一次次按统一标准完成任务。流程一般不应该变化，如果必须改变，则要经过严格的管控步骤。当员工采用针对某种任务而设计的流程去完成这一任务时，往往效率很高；但如果用它去完成截然不同的任务时，则进展缓慢。实际上，如果流程具有执行某一项任务的能力，也就意味着其不具备执行其他任务的能力。"

流程制度的好处是：①确保规范高度一致性；②降低对个体的要求；③完成目标的确定性高；④短期风险小。其坏处是：①没有充分发挥员工的智慧；②失去了一些创造突破的机会；③对变化难以适应；④会降低对人的信任。

文化引导的好处是：①适应性较好，能快速作出合适的决策；②能激发创新、增加信任；③能更好地发挥员工的智慧；④员工更有担当。其坏处是：①不确定性高；②对人的要求高；③可能出现短期风险。

第二节
企业文化的构成和功能

　　企业文化是一个很流行的术语。有时候，笔者会问一些企业家他们的企业文化是什么，有的会说他们没有企业文化，有的会说他们的企业文化在墙上，还有的会说他们的企业文化是找咨询公司制定的。其实，这些回答就表明了不少企业家不知道企业文化到底是什么。

　　从一个务虚的角度来讲，每一个企业都有自己的文化。虽然很多企业没有把文化的内容写出来，但是它实实在在地存在于企业的每一个角落，存在于员工的行为里、员工的思想里。例如，应付了事、推卸责任是一些企业的文化，积极进取、团结奋斗也是一些企业的文化。

　　从一个务实的角度来讲，企业文化不应该是找咨询公司出一本厚厚的册子给客户看，而是企业家结合企业的性质及企业对社会的价值等提炼出来的能够在精神层面指引企业每一位成员不断突破、创造更大价值的文化内核。

　　要想企业有长久的发展，在行业竞争中获得持续的竞争优势，一要靠优质的产品，二要靠不断更新的技术，而这些在本质上都是优秀的企业文化，能够支撑企业在不断变化的市场环境中屹立不倒。企业文化最终会呈现在员工的价值观中。如果企业有一群训练有素、规范作业、严谨积极，对每一个产品、每一个细节都一丝不苟的员工，则这样的企业做出来的产品一定是高质量、低成本且有竞争力的。如果一个企业中全体员工具有开拓创新、革故鼎新的精神，则这样的企业的技术水平一定处于行业领先地位。企业文化以对人们现实行为规范和未来引导为目标，在充分尊重人性的基础上，以激发每个人内心善的动力为手段，塑造健全的集体人格，实现通过人的发展促进企业发展的基本目标。

一、企业文化的构成

企业文化分为表文化、浅文化、深文化，对应的即物质文化、制度文化、精神文化。

（一）物质文化

企业的物质文化包含企业的标志、工作场所、布局、文体生活设施、员工衣着等。这些是外界对企业的一个基本印象，包括员工自己对企业的一种直观感受。

（二）制度文化

一般的企业文化应该从制度文化开始，只有管理制度尽可能覆盖公司员工日常行为、作业规范、生活细节，才能成为文化持续形成的保障。制度文化更多的是管理文化，通过制度、规范、要求等让员工形成品质意识、成本意识、高效执行力、责任心、严谨的工作态度。

（三）精神文化

精神文化是企业文化最深层面的体现，它像一面旗帜插在每一个员工的心中，让每个员工知道企业提倡的、推崇的价值观，并将其作为自己的行为向导。这种精神文化在发掘员工智慧、实现企业价值方面具有比管理制度更强劲的作用。

企业文化的构成，如图10-1所示。企业的价值观、愿景及使命需要企业家及核心团队总结提炼，并根据企业所在地域、服务对象等进行分析整理。

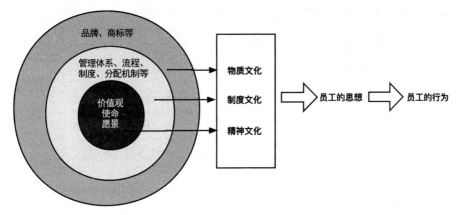

图 10-1　企业文化的构成

二、企业文化的功能

曾有预言指出，企业之间的竞争终将演变为企业文化的竞争。从某种角度看，企业文化是企业核心竞争力的关键因素。那些在市场上稳固立足、持续成长的企业，无不拥有优秀的企业文化。美国哈佛大学的约翰·科特（John Kotter）教授与詹姆斯·赫斯克特（James Heskett）教授深入探究了企业文化与企业长期经营业绩之间的关联性。在《企业文化与经营业绩》一书中，他们明确指出企业文化对企业长期经营业绩具有重大影响。他们发现，那些重视所有关键管理要素（包括消费者、股东及企业员工）并注重各级管理人员领导艺术的企业，其经营业绩远超那些缺乏这些企业文化特征的公司。

企业文化作为一种独特的文化，其对企业运作产生的影响相较于技术、市场、产品更为深刻、全面且持久。企业文化具备多种功能，这些功能的核心在于提升员工的思想道德素质和科学文化素质，提高企业的市场竞争力。总的来说，企业文化的功能主要体现在以下几个方面：

（一）导向功能

企业文化的导向功能在于引导企业员工的价值取向和行为方向，使之与企业设定的目标相契合。市场竞争如同战场般激烈，若企业缺乏统一的目标，便难以具备强大的市场竞争力，也就难以在激烈的市场竞争中立足并持续发展。

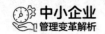
企业文化建设基于特定的历史背景与环境条件，为企业设定清晰明确的目标，并激发员工的事业心，引导他们聚焦于这一目标。在价值观层面，员工之间，以及员工与企业之间难免存在差异，这种差异可能导致企业目标与员工个人目标无法完全一致。此时，蕴含企业整体及各成员共同价值观的企业文化便发挥其渗透与内化的作用，促使员工不断审视并调整自己的价值观念和行为模式，自觉地将个人目标融入企业目标。在企业发展战略的指引下，员工制定自己的发展规划。

（二）约束功能

企业文化的约束功能指的是企业文化对员工行为产生的影响，这种功能主要通过制度文化和道德规范来发挥作用。企业文化的约束功能主要体现在以下两个方面：

第一，企业文化中的制度文化建设，即企业文化中的"硬"约束。这一约束体现在人们有意识地制定的一系列经济规则和管理制度等上，以及由这些规则、制度所形成的一种等级结构，它是每位员工都必须严格遵守的规范。"硬"约束在一定程度上可以归因于人的机会主义行为倾向，即人们在追求自身利益时可能采取随机应变、投机取巧等手段，甚至不惜损害他人利益。因此，需要借助一定程度的"硬"约束来限制这种行为倾向。然而，这种将员工置于被动位置、首先假设员工可能具有不良行为的"硬"约束，在执行过程中可能会引发员工一定的抵触情绪。

第二，自我约束，即企业文化中的"软"约束，主要通过道德规范来发挥作用。这种"软"约束涵盖价值信念、道德观念、伦理习惯、意识形态、风俗习性等多重因素。它建立在对员工个体的尊重之上，是一种无形的控制力量，能够使员工在企业文化的熏陶下自觉约束自身行为，进而促使企业群体形成强大的合力。相较于"硬"约束，"软"约束淡化了强制色彩，依赖于员工自觉执行，能够形成一种内在的行为约束力量，有利于营造和谐的氛围，也符合中国特色社会主义精神文明建设的大背景。它产生的影响更为深远且持久，是企业文化精髓的体现，能够发挥行政命令和规章制度无法替代的独特作用。

（三）激励功能

企业文化的激励功能是指通过心理引导激发和调动员工的积极性、主动性和创造性。从性质上看，激励可分为正激励与负激励：正激励通过赞扬、奖励等手段肯定某种行为，旨在促进该行为的持续；负激励则通过批评、惩罚等手段否定某种行为，以阻止该行为的再次发生。从形式上看，激励可分为内激励和外激励：内激励侧重激发人的内在动力，培养人对工作本身的兴趣；外激励则侧重通过外在刺激，激发与工作本身无直接关联的兴趣。从内容上看，激励可进一步细分为物质激励和精神激励。随着社会文明的进步和人们生活水平的提高，人们的需求逐渐向马斯洛需求层次理论的高层转移，越来越重视自我价值的实现，因此精神激励的作用日益凸显。

在不同时期和环境下，个体的需求会有所差异，因此需要深入分析特定情境下员工的主导需求。激励措施应具备针对性，准确把握奖励或惩罚的标准，并合理控制激励的频率，在恰当的时机实施激励，确保恰到好处，以达到最佳的激励效果。有效的激励可以满足员工的需求，使其获得心理满足，进而产生强烈的主人翁责任感、归属感和成就感，充分调动并发挥员工的精神力量。

（四）凝聚功能

企业文化的凝聚功能体现在其价值观一旦获得企业员工的广泛认同，便能如同一股强大的黏合剂，将企业成员紧密地团结在一起，形成一个具有强大凝聚力的整体。企业的成功离不开对人才的重视。老子提到"域中有四大，而人居其一焉"，强调了人在宇宙中的重要地位；孟子则说"天时不如地利，地利不如人和"，突出了人心向背对事业成败的重要性。此外，现代企业管理学中的"以人为本"，也进一步印证了人在所有资源中的核心地位。

现代系统论认为，相较于分散的个体，组织起来的集体能够释放出更为强大的力量，即"整体大于部分之和"效应。鉴于集体的这一重要性，企业应充分利用并发挥这一资源优势。企业文化的凝聚功能可以促使企业员工形成具有群体心理特征的思想意识。借助共同的价值观、思想信念和群体意识，企业内部能够形成强大的凝聚力和向心力。一旦特定的企业精神得以确立，员工通过实践将企业的价值观、信念和行为准深深植根于心，进而升华出对工作的使命感、自豪感，以及对企业的强烈认同感和归属感。这种情感纽带使员工自觉地将个人思想、情感与行为同企业的未来发展紧密相连。

一旦企业的价值观得以形成并被员工广泛认可，它就会转化为一种强大的黏合力，将员工紧密地团结在一起，使他们拥有明确的目标。这种企业凝聚力的提升，从根本上确保了企业人际关系的和谐、稳定与健康发展。

（五）辐射功能

企业文化具备显著的辐射功能，正如"近朱者赤，近墨者黑"所揭示的，文化的影响力深远而强大。这种辐射作用体现在两个层面：一是对企业内部的辐射。无论是领导层的更迭还是员工的流动，都难以削弱企业文化固有力量所带来的深刻影响；二是对企业外部的辐射。无论企业的规模大小，企业文化都会通过其产品、服务、员工行为等多种途径，将积极或消极的影响广泛传播。企业文化辐射的过程，实际上也是企业塑造形象的过程，这两个过程是并行不悖、相辅相成的。

（六）形象塑造功能

企业形象是企业的无形资产，是企业文化的外在表现，它反映了企业在社会公众心目中的整体印象。企业文化建设的成效可以通过两个具体指标来衡量：一是企业的价值观，这体现了企业文化内在的、本质的层面，属于内隐层次；二是企业向外界展示的精神风貌，这体现了企业文化外在的形象特征，属于外显层次。一个致力于文化建设的企业，必然会注重提升企业形象，进而构建具有独特个性的企业形象识别系统。

企业在提供产品或服务的过程中，都会致力于打造自己的品牌。这一过程实质上也是塑造企业形象的过程。品牌是对企业经营理念、经营哲学及行为准则的高度概括。企业高度重视形象的塑造，是因为良好的企业形象能够提升企业的美誉度和知名度，增强员工的自豪感和责任感，进而提高企业的市场竞争力。这种良好的企业形象，从内部能改善员工的精神面貌，从外部则能产生强烈的视觉冲击，更容易获得市场的认同，形成鲜明的形象标识。从更大的范围上讲，优秀的企业形象会深深植根于广大客户的记忆中，有助于社会的和谐与稳定。特别是在当前中国特色社会主义市场经济日益成熟的背景下，市场竞争愈发激烈，如何在客户心中占据一席之地，直接关系企业的兴衰，因此也是企业文化形象塑造功能需要着重应对的挑战。

举个笔者亲身经历的例子。当时，笔者是一家企业的生产总监，这个企业正准备跟一家央企申请融资租赁。央企的领导在董事长的办公室与其谈了一两个小时。这期间，董事长并没有像别人一样上来就谈自己的长远规划，而是一直聊企业文化，聊员工让人感动的事情。这位央企的领导觉得董事长说得有点虚，于是，他自己一个人跑到车间，先是在走廊过道的消防柜上面摸了一下，竟然没有灰尘。然后，他又在车间找了一位四十岁左右的员工，问他知不知道企业文化。结果，这位员工将企业的使命、愿景、价值观及现在的规模、未来的规划都一口气讲了出来。央企的领导目瞪口呆，随即上楼找到董事长，立马同意签约放款。他说："如果一个企业能将毫末之间的事情都做到极致，那么就没有理由怀疑它的发展前景。"

第三节
企业文化的推行

企业文化的推行是一个漫长的过程，它就像是建立一个看不见的精神世界，当一个企业开始构建这个精神世界时，必然会面临巨大的人力、物力及财力投入的压力。因此，企业文化的推行也是一个和意志力斗争的过程，只有跟企业变革相结合，才能让企业获得新的发展动能。

企业文化的推行一般分为认知、认同、传承三个阶段，如图10-2所示。

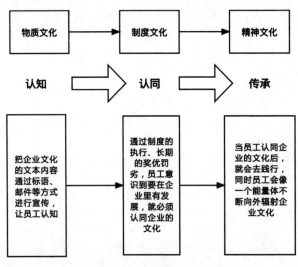

图 10-2　企业文化的推行

一、认知

企业文化的认知过程就是通过各种视听手段让员工沉浸在企业文化中，通过各种传播途径让全体员工了解企业的远景目标、愿景使命、核心价值观、管理理念、宗旨，了解企业创始人的故事，了解企业的管理特色，如团队积分管理、差错管理、6S 管理、目标管理等，了解企业短、中、长期的发展方向、发展规划的过程。

员工既是企业文化的接收者，也是企业文化的实践者。认知是个体通过心理活动处理信息的过程，它影响个体的思想。这一过程可以是有意识的，也可以是无意识的。当企业确立了新的文化理念后，必须将这些文化理念传达给全体员工，促使他们对新的文化理念产生认知。在这一关键阶段，企业管理层可以采取一系列策略，将企业文化精髓传递给员工，帮助他们深入理解并认同企业文化。

一方面，管理者的亲身示范在引导员工认知企业文化方面发挥着关键作用。作为企业文化的塑造者，管理者的行为举止无时无刻不在向员工传递着企业的价值观，员工通过观察管理者的实际行动来领悟企业文化的深层含义。通过观察和模仿管理者的行为模式，员工能够逐步内化企业文化。因此，管理者需严于律己，在制度执行上对自己和员工保持同样的高标准，以此树立榜样，促进员工对企业文化的深刻理解和认同。

另一方面，利用宣传标语和口号，清晰阐述企业的发展愿景、核心价值观等，可以将复杂的企业文化体系简化并生动呈现，使员工在日常工作中不断受到企业文化的熏陶。这种直观的宣传方式对员工快速理解和认同企业文化具有显著效果。此外，构建学习型组织也是提升员工文化认知的重要途径。当前，科技飞速发展，知识更新迭代加速，创新成为推动企业前进的核心动力。在学习型组织中，管理者不仅要履行传统的指挥和管理职责，更要扮演激励者、启发者和引导者的角色，鼓励员工不断学习新知识，适应变化。

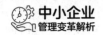
二、认同

认同的过程可以分为两个阶段，第一个阶段是认同制度文化，第二个阶段是主动认同企业文化。

（一）认同制度文化

企业制度涵盖了企业的组织制度、管理制度等一系列制度。这些制度共同构成了企业作为一个独立实体存在的社会关系的网络，同时也明确了企业组织构建、日常运营及内部管理等方面的行为模式和准则。

企业文化建设涵盖了理念、制度、形象等多个层面的建设。在这一过程中，制度文化建设扮演着举足轻重的角色。为了构建有效的制度文化，企业的管理者需要在借鉴行业内成功企业经验的基础上，结合企业的实际情况进行定制化设计，确保这些制度能够与企业的经营哲学、管理风格、组织结构及员工行为模式等融为一体。通过这样的整合，制度文化能够转化为强大的执行力，激发员工的积极性和创造力，从而确保企业文化建设的顺利实施，同时为企业实现真正的跨越式发展提供坚实的支撑。

（二）主动认同企业文化

员工应当积极接纳并内化企业文化弘扬的价值观，唯有如此，个人的价值追求才能与企业的目标、使命及核心价值观实现深度融合，员工的个人命运才会与企业的发展紧密相连，进而有效激发员工那种将企业兴衰视为己任的"命运共同体"意识。

一个具有吸引力和激励效果且被员工广泛认同的企业文化体系，特别是那些能够凸显企业独特性的文化元素，能够提升员工的工作满意度，并深化他们对企业的认同感和归属感。要增强员工对企业的认同感，关键在于明确企业文化的核心——企业的价值观。虽然由于员工和企业各自承担的社会责任不同，员工的个人价值观无法完全等同于企业的价值观，但两者间存在着许多至关重要的共同之处。因此，培养员工对企业的认同感，重点在于发掘并强化员工价值观与企业价值观之间的相同点。只有这样，企业文化建设才能稳健前行，朝着更加健康的方向发展。

三、传承

企业文化传承是在企业文化体系建立之后，将文化理念转化为实际文化表现的过程。这是一个极其复杂多变且漫长的阶段。传承的成效会为企业文化整体战略的调整提供重要参考。从建设企业文化的角度来看，这一阶段至关重要，因为实际文化表现远比文化理念本身更为重要。

无论计划多么详尽且经过充分验证，在实施文化传承时都可能与现实情况有偏差。加之实际状况会随时间不断演变，所以，在文化传承的过程中，根据实际情况进行调整是不可避免的。若忽视这些变化，一味地按照既定计划执行，最终只会导致企业文化传承工作的失败。

企业文化的传承具有深远的波及效应。无论员工身处哪个部门，都会受到企业文化的熏陶。此外，在传承的过程中，企业文化还能借助大众传媒这一桥梁，对社会产生广泛的影响，进而成为一股推动社会进步的力量。

企业文化传承是企业文化建设的最终阶段，它能促使员工良好习惯的形成，并巩固企业全员坚守道德底线的决心。这一过程最终将企业文化深深烙印为企业独特的基因，确保企业持续发展。

参考文献

[1] 查尔斯·科克. 做大私企 [M]. 刘志新, 译. 重庆: 重庆出版社, 2009.

[2] 华为大学. 熵减: 华为活力之源 [M]. 北京: 中信出版社, 2019.

[3] 黄卫伟, 殷志峰, 吕克, 等. 以奋斗者为本: 华为公司人力资源管理纲要 [M]. 北京: 中信出版社, 2014.

[4] 杰弗瑞·莱克. 丰田模式: 精益制造的14项管理原则 [M]. 李芳龄, 译. 北京: 机械工业出版, 2011.

[5] 克莱顿·克里斯坦森. 创新者的窘境 [M]. 胡建桥, 译. 北京: 中信出版社, 2014.

[6] 李海峰. DISCOVER 自我探索 [M]. 北京: 电子工业出版社, 2014.

[7] 李泽尧. 有效管理十八项技能 [M]. 3 版. 广州: 广东经济出版社, 2016.

[8] 彭贺, 李天健, 黄思琴. 张瑞敏: 自以为非 [M]. 北京: 新世界出版社, 2016.

[9] 斯坦利·麦克里斯特尔, 坦吐姆·科林斯, 戴维·西尔弗曼, 等. 赋能: 打造应对不确定性的敏捷团队 [M]. 林爽喆, 译. 北京: 中信出版社, 2017.

[10] 谢建华. 企业经营管理结合 ISO 9001: 2015应用实务 [M]. 北京: 中国经济出版社, 2017.

[11] 约翰·P. 科特. 变革的力量 [M]. 王雯潇, 译. 北京: 中信出版社, 2019.